新装
増補版

ひとり社長になって
いきなり年収を650万円にする方法

松尾昭仁

自由国民社

はじめに

いきなりですが、質問をさせて下さい。

「今あなたの仕事は楽しいですか？」「やりがいを感じていますか？」

この質問に対して心から「ＹＥＳ・はい」と答えた方は本当に幸せだと思います。

しかし、「仕事が特に楽しい訳ではない」「やりがいもあまり感じていない」「働きに見合った分の給料をもらっていない」というあなたは、どうぞこの先を読み進めて下さい。

日本のビジネスパーソン、会社員の一部には「給料は我慢代」だと考える人がいます。しかし本来、給料は働いた対価です。もし本当に「我慢代」なのであれば、これから働いている間、ずっと我慢して仕事を続けることになります。いずれストレスが軽減されれば良いのですが、今より辛さが酷くなり、心や体が壊れていく可能性も十分にあるでしょう。

本書は「ストレスのない仕事をしたい」「イヤな上司の下で働くのはもううんざりだ」「せっかく取った資格を生かして独立したい」「起業してお金持ちになりたい」そんな思いを持っているあなたに向けて書きました。

申し遅れましたが、私は起業コンサルタント、出版プロデューサーをしているネクストサービス株式会社代表の松尾昭仁です。株式会社の社長ではありますが、社員は0（ゼロ）、ひとり社長としてコンサル業務を営んでいます。私は35歳でそれまで勤めていた会社を辞め独立し、今年でちょうど起業20年目になりますが、業績は好調で年商は1億円に届く勢いです。

そんな私ですが、独立当初からビジネスが順調だった訳ではなく、紆余曲折は人並み以上にありました。仕事がなく、生活に苦しい時期があったのも事実です。しかし、たくさんのインプットとトライアンドエラーを繰り返し、ひとり社長の成功パターンを見つけてからは順調で毎日の仕事が楽しくて仕方ありません。本書にはその秘訣を余すことなくすべて書きます。

満員電車に乗ることもなく、イヤな上司に媚びることもなく、付き合いたいと思うクライアントだけを集めて、働いた分だけ「ありがとう」の言葉と一緒に稼ぐことができる仕事。それがひとり社長としてコンサルタントになることなのです。

現在、会社員の平均年収は約４５０万円と言われています。しかしひとり社長で起業しコンサルタントになれば年収６５０万円をいきなり稼ぐことが可能です。ぜひ序章から読み進め、その方法、ノウハウをしっかりと学んで下さい。

さて、この本と連動したYouTubeチャンネルを開設しました。私が講師を務める「出版実現セミナー」を毎回1分から5分程度で切り抜いた動画で、ひとり社長になって稼ぐノウハウも公開しています。YouTubeで「松尾昭仁」と検索して下さい（もちろんご視聴は無料です）。

では私と一緒に「ひとり社長になっていきなり年収６５０万円稼ぐ世界」の扉を開けましょう！

目次

1章 私が「ひとり起業」をおすすめする理由

2章

いきなり６５０万円稼ぐ開業準備法

3章 「ひとり社長」の営業黄金パターン

4章 放っておいても、行列ができる仕組みをつくれ！

7章

私達はこうしてひとり社長になって、年収650万円を超えた！

序章

誰でも起業家になれる時代がやって来た!

- リスクの無いひとり起業をしよう
- 自分のノウハウを売ることで在庫リスクを背負わない
- オンライン化をフル活用
- まずは自分の欲求に正直になろう

悔しい思いをするのがビジネスパーソンなのか？と考えるあなたへ

「こんなに頑張っているのに、なぜ給料は上がらないのか？」
「実績を出しているのに、評価されないのはなぜだ？」
「そもそも不平等ではないか？」

こんな思いを持ったあなたに私はこう答えます。

「それが会社員の宿命です」と。

会社には当然ながら仕事のできる人とそうでない人がいます。向上心がある人とない人もいます。やる気のある人とそうでない人も存在するのです。

「では、優秀な実績を残している人こそ評価されるべきではないでしょうか？」

こんな疑問もあるでしょう。

ではなぜそうならないのでしょうか？

三つ理由があります。

一つ目は、多忙なマネジャーが多いため、部下の仕事の実績をしっかりと把握できないこと。

二つ目は、日本は長い間、年功序列型賃金制度のもとで運営をされてきたため、年齢が評価基準になっており、いきなり若手のビジネスパーソンが仕事で輝かしい実績を上げても、評価されづらい。

三つ目は、人件費の問題があります。

優秀な人をすぐに評価して、給料を上げ、モチベーションを高くしていけたらいいのでしょうが、そうすると会社経営に重くのしかかるのもまた人件費なのです。

5年先も見えないこの不安定な時代にベースアップを考えるほどの余裕が企業に無いのが現実です。

こうした状況があるため、2割の優秀な社員が会社の業績を上げているにもかかわら

ず、その他の社員との年収もあまり変わらず、できる人のモチベーションが上がらない状態が続いています。

そして、これが日本社会の構図です。

日本の平均年収を見てみましょう。

国税庁「民間給与実態統計調査結果」を見てみると、２０００年に日本の平均年収は４６０万円ありました。今はどうでしょうか？　直近の２０１９年を見てみると、それは４３６・４万円となっており、なんとこの20年間給料は上がるどころか、下がっているのです。

つまり、企業が人件費にお金をあてられない・あてていない現状が浮き彫りになっています。

そして、リーマンショックなどを経てリストラも行われ、多くのプレイングマネジャーが誕生し、多忙な人が増えていきました。

当然、部下とのコミュニケーションの時間も減り、優秀な人材への評価・キャリアアップのことにまで頭が回らない状況も出てきています。

こうして現在の日本の構図ができ上がってしまっているのです。

「上を目指したい！」と思っている人こそ起業

そのような中、

「もっと上を目指したいと思っています。理不尽なことに耐えれば年収も上がり、自分がやりたかったこともできるようになりますか？」

と若手のビジネスパーソンから私はよく聞かれます。

たしかに上の立場になれば、今よりはやりたいことがやれるようにはなるでしょう。

ただ、年収に関しては気をつけなくてはいけない。

しっかりと調べて下さい。

まず、あなたの上司、特に課長クラスの方に年収を聞いてみましょう。

直接聞ける関係の上司ならば、一緒に食事に行って聞いてみてはどうでしょうか？

また、会社で自分より年上の先輩社員であれば、その会社の年収の制度がよく分かっているはずです。


この本を取ったあなたは、ビジネス書の読者であり、その段階でやる気・モチベーションにあふれているはずです。

課長クラスであれば、今の仕事のスタイルを継続していけば、いずれなれるはず。

「では部長クラスの年収はどうですか？」

そういう質問も当然受けますが、そのあたりの役職になると運も必要。

ですから、まずは自分の努力だけで、たどり着きそうな最高位の役職の年収を調べて下さい。


そして、その課長の年収があなたの会社でのキャリアハイであることはほぼ間違いありません。その年収があなたの納得できる金額なのかどうか、それが大事です。

年代	平均年収		
	全体	男性	女性
20代	348万円	371万円	321万円
30代	444万円	484万円	377万円
40代	510万円	573万円	403万円
50代以上	613万円	661万円	431万円

理想が叶っても、給料が低ければ、家族を養うことすらできません。

また、その役職になるのにおそらく10年以上はかかるでしょう。

そのような長期間、会社に勤めてもらえる年収であるということを念頭に置いて下さい。

ちなみに日本の平均年収は上記の表のようになっています。これはdodaが２０２１年のデータとしてホームページに掲載しているものです。

50代以上でやっと、平均年収が６１３万円。

大手だと、50代半ばくらいから役職定年となるケースが多いので、キャリアハイの年収が５年くらい続けばいいほうでしょう。

ちなみに、この本を広げたあなたは起業に興味を持っているはずです。ということは、今の会社でバリバリと仕事をこなしているはず。そのようなあなたの年収もこれらの数字とあまり変わり映えしないでしょう。

それに納得ができますか？

もしできるのであれば、本書をこのまま閉じて下さい。

しかし、もしそうでないのであれば、ぜひこの先を読んで下さい。

そして、ひとり起業をやってみませんか？

ひとり社長になるのです。

もちろん最初の数年間はつらいかもしれません。

もしかしたら勤め人だった頃よりハードに働いても、年収が下がるかもしれません。

ただ、私もそうでしたが、数年後には元の年収に戻り、その後、６００万円台を上回り、ビジネスが軌道に乗れば、数千万円の年収を手にすることも可能です。

もちろん、やりたいこともやれるでしょう。

なぜならあなたは社長なのだから。

その１歩を一緒に踏み出しませんか？

今いる会社をチェック

あなたは今どのような規模の会社で働いていますか？

この質問は「小さい会社だから起業家に向いている」とか「大手だからそのままその会社にいたほうが良い」とかそういったことを言いたいのではありません。

もし、あなたが大手で働いているのであれば先ほどもお話しした通り、上司の経歴・年収を確認してみて下さい。そして、自分が頑張ってなれる役職をリサーチする。それがあなたのキャリアハイです。

そして、転職先でもあまり給与体系は変わらないのが現実です。

なぜなら業界水準の年収の上限はだいたい決まっているからです。

それではベンチャー企業などの小さい会社はどうでしょうか？

たしかに大手に比べれば、ライバルはぐっと減ります。

会社の規模も数十人から数百人程度の会社がほとんどでしょう。

そうなれば、頑張ったら役員になれる可能性もあります。

就活生を見ても分かるように大手へ就職を希望する学生は多いのですが、逆に小さな会社に優秀な人材がたくさん集まることは少ないでしょう。

ですから、小さい会社でやりがいがあるのなら、努力すれば、あなたの出世の夢は叶うかもしれませんね。

ただし、現在の経営者がどう考えているかは重要です。

その経営者が年を取っている場合は、事業が軌道に乗っていてもクロージングすることを考えているかもしれません。

そうではなくバリバリの若手社長が務めていても、買収されてオーナーチェンジされる可能性もあります。オーナーが変われば、社風もがらりと変わってしまうのが、ビジネスの世界。

5年先にそういった事態が起こった場合、あなたのライフプランも大きく影響を受けるでしょう。

また、経営者の血縁者が会社で働いていたら、おそらく重要なポストにはつけないで

目標：「やりたいことがある、稼ぎたい」など

↓ ↓

ベンチャー・中小企業

【メリット】

・努力すればポストにつける
・社長業が見えるので、どういった仕事が将来できるようになるか分かりやすい
・一人ひとりの存在感が色濃い

【デメリット】

・社長の考え方次第では事業をクローズされてしまう可能性もある
・資金繰りの問題でオーナーチェンジの可能性もある
・年収が大手ほどはもらえない

業界大手

【メリット】

・平均年収は上がる
・福利厚生も良い
・ビジネスのステージも上がる

【デメリット】

・優秀な人材の中で埋もれる可能性がある
・ポストにつけるかどうかは運しだい
・人間関係に左右される可能性も高い

しょう。

では、キャリアアップをはかり小さい会社から大きい会社に転職する場合はどうでしょうか？

たしかに年収は上がるでしょう。しかし、そこは今までの会社よりもエリートが集まる場所。

あなたのこれまでの頑張りで良い成績を残し、役職がつき、やりたい仕事ができるかどうかは保証されていません。

ですから、今いる会社で「報われていない」「自分のやりたいことができていない」「年収がふさ

わしい額をもらえていない」と感じ、好きなことを仕事にしたい、年収を稼ぎたいと考えるのであれば、ひとり起業を私はあなたに人生の選択肢として提案します。

会社員でいる限りは外部の環境・要因があなたの人生を大きく左右してしまいますが、起業をすればすべての決断を自分でくだせるため、ネガティブな感情を抱かなくてすみます。

ひとり社長とは何か?

ここでなぜ私が起業をすすめるのか、それもひとり社長をすすめるのかをお話します。いまだに起業家というと、「倒産するリスクにいつもさらされている」「収入が減ってしまうのではないか?」「商品の仕入れや売れ残った在庫がシビアな問題としてのしかかってくるのではないか?」「店舗や事務所の家賃の支払いでいつも四苦八苦するのではないか?」などと言われます。

たしかに店舗型のビジネスで独立する場合、例えばフランチャイズビジネスなどは在庫を仕入れて売れなかった時のリスクなどがあります。まず仕入れをする関係でお金が出て行き、キャッシュフロー的にも厳しいです。

そして、仲間と一緒に事業を立ち上げた場合もある程度の立地の場所にオフィスを構えなければならないかもしれません。もちろん人件費もかかります。

それらのランニングコストを考え、まして売上が順調に立たなかった場合のことを考えると不安になる気持ちもよく分かります。

私が言いたいのはそういう起業ではなく、1人で会社を立ち上げて、社長になるひとり起業です。

そして売る物はあなたのスキルです。

私はセミナー講師をやっていたので、セミナーの仕方をノウハウとして売っていましたが、このようにあなたが社会人として、培ったノウハウを売るというビジネスです。

事務所はシェアオフィスや自宅で問題ありません。自宅の場合には、水道光熱費なども経費として計上できます。そして売るのはあなたのノウハウ。

例えばあなたが編集者であれば、本を書く時の企画書の書き方や、文章の書き方、出版社の見分け方、そういうノウハウを本を出版したい人に教えるのです。まさにコンサルタント業務です。

先ほどお話しした「培ったノウハウを売る」ということは、お客様にコンサルをするということです。

コンサルタントであれば、コンテンツを売るのですから売上を上げるために商品の仕入れをする必要はありませんし、売れずに、在庫がたまっていく心配もないのです。

何よりあなたの経験や知識を売れるということが嬉しくないですか？

世の中にはあなたのノウハウを欲している人がたくさんいて、その方々に教えることで、感謝の輪がつながっていく。それがひとり起業家でコンサルタントになるということなのです。

ひとり社長に理念は必要か？

もちろんあるに越したことはありません。

例えば、お金の問題で困っている人のために「節約」「貯蓄」「投資」のコツを伝授するマネーコンサルタントになろうとか、そういった高い志しがあれば、たとえつらい思いをしても、耐えられ理想の追求もできるでしょう。

では、

「今の仕事をやっていても未来が無い」

「先生と呼ばれてみたい」

「お金を稼ぎたい」

などの野望を持って起業するのはだめなのか？


私の答えはＮＯです。

なぜなら、私自身も「お金を稼ぎたい」「先生と呼ばれたい」という単純な理由でセミナー講師になったからです。


一つアドバイスするとしたら、まずは自分の欲望や本音に正直になることです。自分

では「あまり褒められた動機ではない」と考えるかもしれません。しかし私はそんなあなたにこそ可能性があると考えています。

なぜなら、本音で生きることでメンタルブロックを外すことができるからです。「もう前を向いて進むしかない」と覚悟も決まるでしょう。

こんな言い方をすれば反発も受けるかもしれませんが、私が考えるビジネスの神髄はこうです。

「どんな商売にも共通していることがある。それは稼ぐということは、人の財布に入っているお金が自分の財布に移る」ということです。

そして、お客様はあなたの「想い」ではなく、「商品の利便性」やあなたの「ノウハウ」にお金を払うのです。

ですから余計なことは考えず、欲望に素直になり、ひとり社長への道を邁進していきましょう。

起業したら誰でもまずはコンサルタント

さて、ひとり社長とは、自分のノウハウを売り、人を成功に導くつまり、コンサルタントであると言いました。

それが、「仕入れなし。資格なし。オフィスなし」でできることをここではお話しします。

少し具体的に説明します。弊社のメイン事業は出版のコンサルティング業務です。その説明会を兼ねたセミナーはZOOMで行う時と、セミナー会場で行う時がありますが、オンラインの環境が充実してきたため、ほぼオフラインでのセミナーとそん色なく、運営できています。ZOOMだと録画もできるため、受講者が聞き漏らしても動画を再生すれば良いので、利便性も高いです。

こうなるとオフィスすら必要ありません。

また、資格についてです。

たしかに、「公認会計士」「税理士」などの資格があると有利になるかもしれません。

しかし、数ある人の中から選ばれるのは大変シビアなものです。

様々な大手事務所などがありますから、案件の受注競争も大変です。

ですから資格があるからといって、すぐに仕事を受注できる訳ではないのです。仕事のできる幅を広げることはできますが、資格があるから独立して食べていけるという訳ではありません。

実は、私もこれといった資格は持っていません。

というか、仕事で「○○の資格を持っています。ぜひ○○の仕事をください」という話を聞いたこともありません。

それよりもノウハウと肩書を開示し、目の前のお客様をしっかりと満足させてきたことで、それが実績となり、口コミが広がり、今にいたります。資格よりも実績づくり。

これが大事なのです。

私の知り合いのプログラマーも独立していますが、資格というよりも招かれたプロジェクトで実績をつくり、口コミで仕事が増えていったと言っていました。

本書を手に取っているあなたなら本業をしっかりとこなしているでしょう。

また、退職をしていないのならば、目の前の仕事に没頭してみてはどうでしょうか？

将来のお客様にコンサルをしているつもりでやってみましょう。

ひとり社長になってコンサルタントになることを思い描いたあなたの生き方は今この瞬間から大きく変化していくでしょう。

私自身は起業のコンサルタント、出版プロデューサー、ビジネス書作家、経営者、セミナー講師です。

愚直に仕事をして、結果を出していくことで、このように肩書は手に入ります。

今がひとり社長の始め時⁉

先ほど少し触れましたが、あらためてなぜ今ひとり社長になって起業すべきなのか、触れておきたいと思います。

これから5G時代に突入しますが、データの通信量が莫大に増えることが予想されます。

動画なども簡単にアップロードできるようになり、どこにいてもYouTubeなどの動画コンテンツが簡単に視聴できるようになります。

今テレワークなどで使っているZOOMなどの会議ツールもどこにいても簡単につながるようになり、そしてアプリは絶え間なくアップグレードされるので、使い勝手も良くなり続けるでしょう。

つまり、あなたはどこにいてもコンサルの仕事ができるようになるのです。

これまでは、コンサル業務をやろうとすれば、対面が当たり前でした。

特に最初の挨拶は必ず相手先に伺い、自己紹介をし、会社の資料をお渡ししてスケジュールなどを打合せていました。それがオンラインツールの環境が整備される時代においては、必須ではなくなったのです。

またちょっとしたフィードバックや、確認事項であれば電話ですませられますし、それこそZOOMを使えばまったく問題はないのです。

「そうはいっても日本では対面で挨拶をするのがマナーで、そのほうが人となりも分かるのでは？」

という意見もあるでしょう。

たしかにその通りです。

それを変えたのが新型コロナウイルスでした。

対面で挨拶をすることができなくなり、ZOOMやメールで挨拶を交わした後、商談を行うということも当たり前になったのです。

そして、それができない企業の実績が厳しくなり、伸び悩んでいたように私は思います。

また、コロナが2年以上続いた結果、オンラインミーティングの習慣がすっかり根付いたように思います。

それが効率いいことに気づいた会社やビジネスパーソンもたくさんいたはずです。

ですから以前よりも打合せや商談における、人的リソースの負担は減っています。そして、オンラインでミーティングができることにより、当然効率も上がっています。

二点目が、ウェブ集客が手軽にできるようになったことです。

今まで、コンサルをやるにも集客に苦労をしていました。

しかし、それが多数のＳＮＳツールが出てきたことにより、簡単になってきたのです。

もちろんそれぞれの媒体で客層は違いますから、それを意識したライティングや集客の仕方は考えなくてはいけません。

集客に関しては様々な方法があるかと思いますが、ここでは私の事例をお伝えします。

私はFacebookでセミナー参加を募っています。

また、セミナーの動画をYouTubeでアップロードすることで、自分の講演をお客様に見ていただき、ミスマッチの無いようにしています。その後実際リアルのセミナー会場にきていただく流れをつくっています。

後ほど詳しくお話ししますが、私のメイン事業は、出版コンサルです。

本を出版し、著者になるためのノウハウを受講者には教えています。

5G時代の到来

→どこにいてもオンラインでコンサルできる

コロナの影響

→対面での挨拶の必要がなくなった

多数のSNSツールの誕生

→集客のオンライン化

オンラインツールの普及

→プレゼン資料なども共有しながら打合せを進められるようになった

弊社が主催し私が講師を務めるビジネス著者養成スクールは約2か月間で90万円の代金をいただいていますが、いきなりそこにお客様はきません。

私の人となりや、著者スクールがどういったサービスなのか段階を踏んでお話ししていく必要があります。

そのためにSNSや、オンライン会議用のアプリが便利なのです。

15年以上前からセミナー講師をやっていましたが、当時はとても大変でした。毎月リアルのセミナーを開催するしか方法はありませんでした。

それが、今はオンライン上でも集客ができるのです。

このようにあらゆることのハードルがオンライン化によって下がっています。

他にも法人登記もオンラインでできるようになっていたり、助成金などもオンライン申請できます。確定申告なども簡単になりました。

今まさにひとり起業の始め時なのです。

起業家は悔しい思いをしたあなたこそがなるべき

「そうはいっても、起業なんてそんなに簡単にできるのか？　学歴が高かったり、大企業に勤めた経験を持っていたり、特別なスキルを持っていたりする人がやっているのではないのか？」

こう考える人は多いでしょう。

そのように考える人にお話しします。

私が提唱する起業は「ひとり」起業です。

従業員を雇わないので、人件費はゼロです。

そして、家をオフィスにしてしまえば、水道・光熱費などは経費計上できます。もちろん本を買ったり、仕事のために打合せするための飲食代もすべて経費計上できます。

ひとり起業をして社長になることでこういったメリットも手に入るのです。

この起業スタイルは、ベンチャー企業からすぐにユニコーン企業をつくってしまうような一部の天才がやるスタイルではありません。

多くの方は起業というと「スティーブ・ジョブズ」や「孫正義」をイメージしがちです。

もちろん目標を持ってもらうのは、大事ですし、否定はしませんが、最初の起業はスモールスタートでリスクの無いものが良いでしょう。

「今より高い年収が欲しい」「夢を叶える足掛かりにしたい」のであれば、リスクをできる限り少なくしてリターンを上げられることから始めていくべきです。

簡単にイメージしていただくために、商店街の話をします。

八百屋、美容室、飲食店、酒屋、地元の本屋などを思い浮かべて下さい。

これらの身近なストアの店主の方々も、言ってしまえば皆さんひとり起業家です。

「なかなか日本で起業家が育たない」というニュースを見て、「起業」へのハードルの高さを感じる人もいるかもしれません。

今お話しした商店街は、少し前（平成26年）のデータになりますが、商業統計では、小売店、飲食店及びサービス業を営む事業所が近接して30店舗以上あるものを、一つの商店街と定義しており、その定義の商店街数は1万2681あるとされています。

ですから、単純に計算しただけでも1万人以上は身近な起業家がいるという風に考えると心強いのではないのではないでしょうか？

そもそもコンサルタントとは何か？

コンサルタントとは、コンテンツを売る人のことです。

ただ、「コンテンツ＝特別なノウハウ」を売ることだと考えている人は大変多いです。

しかし、こう考えて下さい。

コンテンツ＝あなたが仕事で経験してきた経験や知識

例えば、私であれば、セミナー講師をやってきたノウハウです。

ただ、こう話すと「それは松尾先生が特別な存在であったからできたことなのではないですか？」と言われます。

そんなことはないのですが、その前に私の経歴を少しお話をさせて下さい。

まず私は講師を育てるためのセミナーコンサルタントでした。

そして、今は出版コンサルタント業を中心に活動しています。

独立当初はセミナー講師になるためのセミナーを開いて収入を得ていたのです。

私は講師になるノウハウをわずか1、2年で仕入れました。

「この先生のようになりたい！」と感じた講師のセミナーを受け、「どうすれば先生のようになれますか？」と聞き見様見真似でインプットしていきました。

そして、最初はノーギャラでしたが、壇上に立つ機会をいただき、そこから回数を重ねて、セミナー講師を育てるセミナーを開くようになったのです。

ですから、コンテンツは1〜2年で作り上げた物だったのです。

ただこのコンテンツは講師のスペシャリストから見たら、価値が少ないコンテンツかもしれませんが、ゼロベースから「セミナー講師になりたい」と思っている人からすると貴重な情報・ノウハウだったのです。

例えば、「セミナーで受講者に提供する飲み物は何が良いか？」「セミナーを開催する時に流す音楽は何が良いか？」「質問タイムはいつ頃設定すれば良いか？」「どんなテーマが集客しやすいか？」こういったノウハウはこれからセミナー講師を目指す人にとっては貴重な情報なのです。

私はそれらを教えるためのコンテンツをつくりました。

あなたがもし、社会人経験が3年しか無くて、教える自信が無いと感じているのなら、その考えを変えましょう。

あなたが、当たり前にできている技術を欲する人は存在します。

つまり社会があなたを必要としているのです。

自分の経験の中でどれが人に教えられる物なのか？　考えてみて下さい。

そのコンテンツが見つかればあなたもコンサルタントになることができ、ひとり起業ができるようになります。コンテンツの見つけ方は後ほど説明します。

ニーズの数だけ、コンサルのネタはある

コンサルタントと言えば、皆さんは「経営コンサルタント」を思い描きがちです。少し前に経営コンサルタントの方が活躍した時期もありましたし、大前研一さんのような素晴らしい実績を残している有名人もいらっしゃるので、そういったイメージが定着しているのでしょう。

しかしそもそもコンサルタントとは人の悩みを解決してあげる人を言います。もっと簡単に定義すると「教える人」です。

ですから教える物があって、それにニーズがあれば、コンサルタントと名乗れるのです。

例えば、「美味しいラーメン屋を教えてほしい」というニーズに応えて、ラーメン屋さんの情報をお客さんに教える人は「ラーメン情報コンサルタント」ですし、私の知り合いには沖縄の「軍用地投資コンサルタント」もいます。

こういった形でコンサルタントという職種は人の悩みや欲求の数だけあるというのが私の考え方です。

次の図版は私が出版コンサルティングを行った受講生の肩書です。

「こういったことでもコンサルタントになれるのか」と驚くかもしれませんが、コンサルタントに対するハードルも下がるのではないでしょうか？

名称	コンサル内容
専門ビジネス系	
出版コンサルタント	出版を希望する人と著者を探している出版社の間を取り持つコンサルタント。企画書づくりから発売後の販促活動と幅広く行動する、元編集者が多い。
メルマガコンサルタント	インターネットツールの中で特にメールマガジンに特化したコンサルタント。メルマガを使って、集客、ブランディング、顧客管理を指導するコンサルタント。
WEBコンサルタント	アクセス解析や広告の効果測定、またマーケットや競合の分析などネット上のあらゆる悩みに対応。 ホームページ制作業者が兼任する例が多い。
フードコンサルタント	飲食店の新規開業や既存店が繁盛するためのノウハウをアドバイスするコンサルタント。出店場所の助言から、集客・メニューづくり、接客などを幅広くアドバイス。飲食店経営者や外食産業の経験者が多いが、食通という客の立場からコンサルタントになるケースもある。
名刺コンサルタント	ビジネスツールの一つである名刺を、集客・ブランディングの道具と捉え、個人・法人の強みを一枚の名刺に表現するコンサルタント。名刺作成業やデザイナーが多い。
起業コンサルタント	独立起業を目指すビジネスパーソンを支援するコンサルタント。 ビジネスプランづくりから集客、ブランディングの仕方等を指導。中小企業診断士や元経営者、現役の経営者が多い。

名称	コンサル内容
法律・トラブル系コンサルタント	
人事コンサルタント	企業の人事に関する助言・指導を行うコンサルタント。社会保険労務士が兼任するケースが多いが、人事部、総務部での経験を生かした独立コンサルタントも多い。
財務コンサルタント	個人の投資や不動産売買、相続、法人の資金繰りや決算など、財務やお金に関わることをトータルにアドバイスするコンサルタント。元銀行員、公認会計士、税理士などが多い。
融資コンサルタント	開業、運転資金など金融機関からの資金調達を指導するコンサルタント。事業計画書の作成指導から銀行との面談の仕方など幅広くサポート。元銀行員、行政書士、税理士、公認会計士などが多い。
カラーコンサルタント	様々な現場で、色の相談や指導などを行うコンサルタント。美容関連や建築、インテリア関連、ファッション関連など多岐にわたる現場で活躍。
敷金返還コンサルタント	契約時に預けた敷金を、退去の際に、できるだけ多く取り返すアドバイスをするコンサルタント。管理会社・家主と交渉できる知識がない人の味方。元不動産業・管理業、司法書士、行政書士などが多い。

名称	コンサル内容
家庭形コンサルタント	
お掃除コンサルタント	家庭やオフィス、店舗などの掃除を指導助言するコンサルタント。ハウスクリーニングの専門家から掃除好きな主婦までレベルは様々。
子育てコンサルタント	子育て相談や親子遊びの指導などを行う。子育て中の母親の育児不安を解消し、安心して子供を産み育てられる環境づくりを支援するコンサルタント。子育てを経験した母親が多い。
収納コンサルタント	オフィスや個人宅の収納に関する指導、助言を行うコンサルタント。片づけられない、片づけ下手な人にアドバイスをする。 主婦が趣味の延長で行う場合から、専業の会社まである。
カラーコンサルタント	様々な現場で、色の相談や指導などを行うコンサルタント。美容関連や建築、インテリア関連、ファッション関連など多岐にわたる現場で活躍。
離婚コンサルタント	夫婦間の離婚関係について助言するコンサルタント。弁護士などは法律面からのアドバイスになるが、離婚コンサルタントは、「本当に離婚する必要がある場合を除いて、極力離婚を避けるよう援助する」のが特徴。行政書士や司法書士、また自ら離婚を経験したものが携わることが多い。夫婦コンサルタントともいう。

まずコンサルをし、ビッククライアントをつかむのが起業家の黄金パターン

誰でもひとり社長になれる時代がやってきたというのが1章のテーマでした。そして、ひとり起業家はコンサルタントになるのがベストというのも前に触れた通りです。

そこからのキャリアは事業を大きくし、ユニコーン企業をつくる、もしくは、ひとり社長のまま稼いでいくなど人それぞれです。

私はひとり社長として年商を上げてきました。

私が示せるのは、ひとり社長としての成功パターン。その秘訣は、いくつもの肩書を持つということです。

例えば、セミナープロデューサー、出版コンサルタント、著者、インフルエンサーなどいろいろと肩書を持っておけば、仕事の依頼が入りやすくなりますし、収入の複線化につながります。

どれかの事業がニーズがなくなり売上が減っても他の上手くいっている事業で補えば、

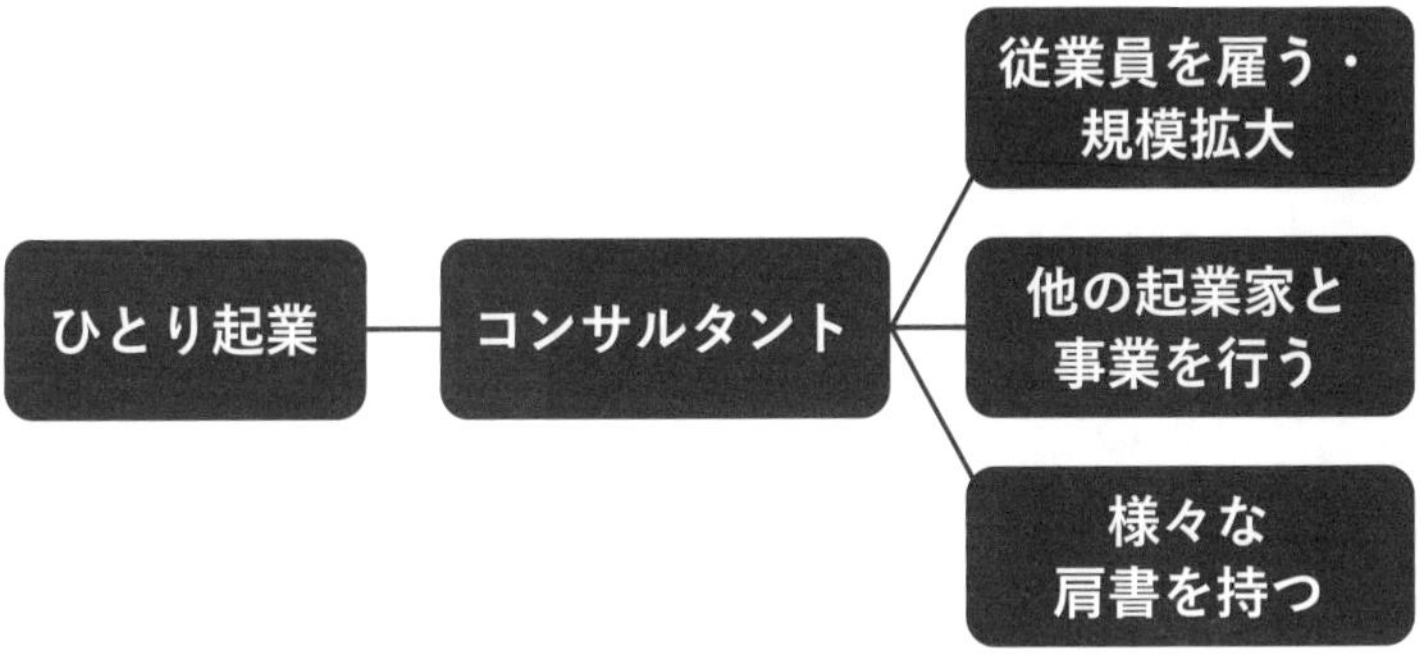

収入は安定していきます。

最近ではこういう複数のキャリアを持つことをスラッシャーというみたいです。

ただし複数の肩書を持つためにも大切なのはまずは何かで実績を残すこと。

それがコンサルタントなのです。

そして、まずコンサルタントとして収入を上げていくために重要なのは場数をたくさん踏むことです。

「そもそもどうやってその場数を踏めば良いのか」

このような疑問を持たれる方もいらっしゃるかと思いますので、お伝えします。

安くてもいいので、コンサルの案件を受けていきましょう。

そして、案件の取り方は、同業で先を行く人に教えてもらいましょう。

「この人みたいになりたい」と思った人には会いに行って下さい。

その人がどうやって集客しているか？　どうやってコミュニティをつくっているか？　どうやってセミナーをやっているのか？　成功パターンを分析し、実践していきましょう。


また、業界のトップランナーは人脈もすごい物を持っています。

私は成功者の方に礼を尽くして学び、その方の紹介で大手の財閥系セミナー会社で研修講師ができるようになりました。

大手で講師を務めることにより、個人向けにコンサルをやっていた時では得られなかった「信用」を得ることができたのです。

「あの財閥系の大手で教えているコンサルタントだったら、ゲストに呼んで問題ないはず」

と、ラジオやテレビに出たり、本を出したりすることができました。

有名な会社でセミナーを任せてもらえるようになったら、ビジネスの飛躍につながります。

成功者とどうつながる？

それではどのように成功者とつながれば良いのでしょうか？

その答えはシンプルです。

「成功者のセミナーを受講する」これにつきます。

今はＳＮＳなどのツールですぐに情報が飛び込んできます。

ただ、あまりに数が多すぎてどのセミナーを受講すれば良いか？　そして誰をメンターにすれば良いか？　分からない人もいるでしょう。

私のアドバイスは、「本屋に行って成功者を探せ！」です。

スティーブ・ジョブスや孫正義氏などのスタープレーヤーの話は、とても興味深いのですが、ステージが違いすぎて再現性がありません。

ならば自分と近い立場の著者を探せばいいのです。特に何か過去に大きな失敗をしてそれを乗り越えた経験のある人ならなおいいです。

なぜなら、起業したら誰でも苦しい状況に陥ることがあるから。

失敗しない人はほんの一握り。ピンチを乗り越えた経験のある人から学ぶのが良いでしょう。

ですから、まずは本屋に行き、自分のロールモデルを探し、次にその著者のセミナーを受講します。

セミナーに行ったら、必ず質問をし、かつセミナーが終わってからも登壇者に勇気を出して話しかける。

「どうしたら先生のようになれますか？」とストレートに聞いてみて下さい。たいていの人は丁寧に教えてくれるでしょう。

ただ、中には性格的に合わない人もいるはずです。

そんな時にまじめな日本人がついやってしまうことがあります。

「自分と合わない人のノウハウなのだから、参考にしたくない」とすべてを拒否してしまうことです。

これはお金も時間も非常にもったいない考えです。

「合わないな」と思った講師からも「なぜ成功しているのか」のパターンは必ず聞き出し入手しましょう。

セミナー受講者からの質問には真摯に答えてくれるはずです。

また、セミナーの後に懇親会が開かれることもあります。

その時は大きなチャンスです。必ず参加しましょう。

講師と仲良くなる絶好の場です。

お酒が入れば、「秘密のノウハウ」もポロっと教えてくれるかもしれません。そして、最後まで残りましょう。

2次会・3次会と進むと人はどんどん少なくなります。

ここで得られる情報の貴重さを意識していただくために、簡単にまとめます。

ネットに出ている情報は誰でもアクセス可能です。

タダで読めてしまうためすでにそのノウハウは誰もが知っています。

では、本はどうでしょうか？

最近出版不況が叫ばれているものの、ビジネス書で書店に置いてある物であれば、たいてい1万部ほど売れていると思います。

そう仮定すると約1万人の人がその情報を知っていることになります。それでもぐっと絞られてきましたね。

ではセミナーはどうでしょうか？

リアルでセミナーを受ける人は多くても100人くらい。

そして、その中でも最後まで懇親会に残っている人は数十人もいればいいほうです。

つまり懇親会で得られた情報は日本で数十人しか知らない貴重なノウハウなのです。

こう書くことでその貴重さが分かっていただけたでしょうか？

ですから、成功者からすべてを学ぶつもりでお金と時間をかけて下さい。

ちなみに「セミナーの受講料が高い場合はどうすればいいですか？」ということもよく聞かれます。本などを読み、自分がその講師に信頼を置いているならば、ぜひ受講して下さい。

高いセミナーに来てくれた人にはそれだけ積極的にノウハウを教えてくれるでしょうし、例えばFacebookなどでつながってくれるかもしれません。また、あなたが成果を出すために個別にコンサルをしてくれるかもしれません。

ただ、いきなり高いサービスを買うのはおすすめしません。

まずは安い情報から手に入れていくことを推奨します。

ネットで講師のプロフィールや評判を調べ、本を出していれば買い、安いセミナーから受けていきましょう。そうすることでその講師の人物像・考え方がある程度分かってきます。

1章

私が「ひとり起業」をおすすめする理由

- 三角形の法則で自分のコンテンツを売ることができる
- 立ち位置を変えるだけで「プレーヤー」から「コンサルタント」になれる
- 自分の判断で売るものの金額を決められる
- 万が一、失敗しても再起がしやすい

「三角形の法則」で、誰でも先生になれる

「本は、業界の重鎮でないと書けないですよね？」

とよく聞かれます。

多くの方が「著者＝すごい人」と思っていますが、その考えを今から改めて下さい。

61ページにある、「三角形の法則」という図で紹介します。

すべての業界で働く人には、ランクがあります。

①S級ランクの人
②A級ランクの人
③B級ランクの人
④C級ランクの人
⑤D級ランクの人
⑥D級以下の人

⑦その業界の外の人

「すごい人が本を書くものだ」というのは、S級ランクの人しか本を書いてはいけないという発想です。

私も昔は、本を出すならS級じゃないと無理だと思っていました。

しかし、1冊目の出版の声がかかったのは、D級以下の時でした。

セミナー講師として、登壇経験は5〜6回で、講師デビューしてから半年目です。

分かりやすく例えると、

S級は、この分野の大学教授
A級は、話し方やプレゼンの本を何十冊も出しているこの道20年以上の講師
B級は、10年以上のプロ講師
C級は、3年以上のプロ講師
D級は、3年未満のプロ講師
D級以下は、駆け出しの講師

とします。

当時の私は、Ｄ級以下のランクの中でも最下層に属する人間だったにも関わらず、出版の機会を得られました。

私が素人に毛が生えた程度のＤ級以下だったのに著者になれた理由は、業界の三角形の外に向けて本を書いたからです。プロの講師向けに書くのではなく、講師業界の外にいる素人向けにセミナーノウハウを書いたのです。

セミナー業界では底辺だった当時の私。

ただ、「これからセミナーをやりたい」という初心者にとっては、そんな私でもそれなりのノウハウを持っている先輩になります。

リサーチした結果、社会保険労務士、税理士、行政書士など士業の資格を取得したのに、集客で困っている人が多くいました。士業の方はセミナー講師になることで、クライアントの獲得がたやすくなります。

では、「セミナーの講師になる本を探そう」としても、当時はその関連本が無かったのです。

ここに注目して、セミナー講師になるためのノウハウを集めて出版しました。

「三角形の法則」

あなたはまだ**「自分は本当に出版できるのだろうか？」**
「自分は出版に耐えられるコンテンツを持っているのだろうか？」と
不安に思っているかもしれません。
結論から言えば、**誰でも商業出版は可能**です。
その根拠となるのが、**「三角形の法則」**です。

業界のピラミッド

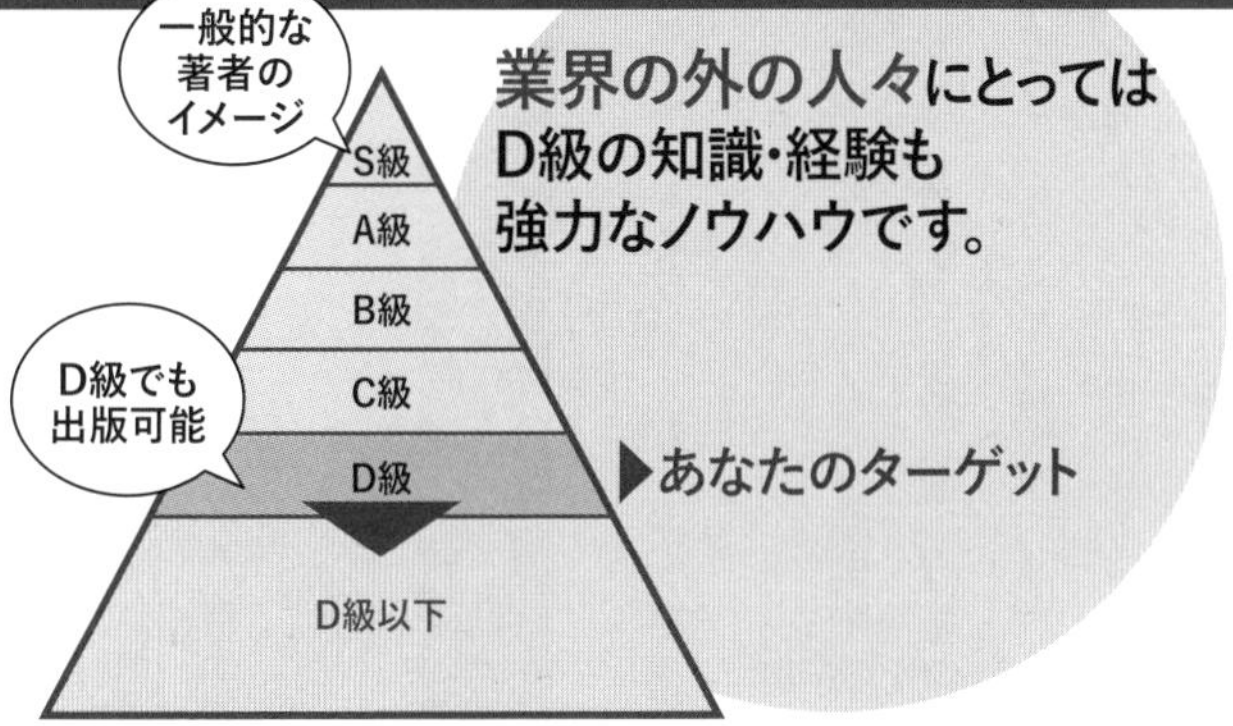

あなたが業界の中ではD級でも、
業界の外から、もしくは**D級未満**から見ると、
あなたの経験や知識は、立派な**その業界の専門家**です。
例えば自動車教習所の講師は、
決してF1ドライバーほどのドライビングテクニックも経験もありませんが、
免許を取りにくる人にとっては、
十分な知識と経験のある立派な“先生”です。

さて、長くなりましたが、これをコンサルタントに応用して、あなたのノウハウを業界外の方に紹介することを徹底していきましょう。たとえ、3年くらいしかキャリアがなかったとしても、当時の私のことを考えるとハードルが下がるのではないでしょうか？

立ち位置チェンジで誰でも先生になれる

コンサルタントになって、コンテンツを売るということに自信が無い方にもう一つノウハウをお教えします。

それは常識でも武器になる「立ち位置チェンジ」の法則です。

多くの人が業界では単なるプレーヤーです。しかし、立ち位置をチェンジすることで、教える人＝コンサルタントになれます。かくいう私も、もともとはセミナー講師を、数回やっていた程度のプレーヤーでした。

それが、「セミナーを開催するためのノウハウを教える先生」という立ち位置にチェンジした瞬間から、ビジネスが一気に拡大しました。

他には、例えば、通常ならタダの大学生。しかし、中学生・高校生の家庭教師や塾の講師になれば、いきなり「先生」という立ち位置になります。

料理人という職業は、料理をつくるプレーヤーです。ですが、料理教室で教えれば、やはり「先生」という立ち位置になります。

コックさんという立ち位置は、お客さんに「ご来店ありがとうございました」とお礼を言う立場ですが、料理教室の先生という立ち位置になると、受講者から「ありがとうございました」とお礼を言われる立場に変わります。

つまり、会社で仕事をするビジネスパーソンでいる限り、自分のノウハウを、お客様に提供して、その対価をもらって終わりです。

しかし、先生、講師という立ち位置にチェンジをすることで、ビジネスが一気に広がります。

在庫リスクゼロ！　でリターンを望める

ひとり起業は、低リスクでリターンを望めるビジネスです。

まず、低リスクである理由ですが、序章でもお話したように、店舗を構えたりするものではなく、自分というコンテンツを売り込む仕事だからです。

つまり、「売るための商品を仕入れる」という在庫リスクが無いビジネスなのです。

そして、コンサルは教育産業と似ているところがあります。それは、教える前にお金をいただけるということ。つまり、**先払いの文化**なのです。

大学でも授業を受ける前に「入学金と授業料」を払いますが、あの仕組みに近いものです。

先に売上が立つので、キャッシュフローがとてもいいのです。

現金があるため、それだけで、倒産のリスクも減ります。

私が以前勤めていた、建設会社は後払いの文化でした。

下請け会社だと3か月、6か月の支払いサイトが当たり前です。

そして、入金があるまで、つなぎ融資として銀行に借金をして利払いをしなくてはなりません（不景気になると貸しはがしがあり、急に資金がショートする場合もあります）。

このため、黒字倒産もあり得るのです。

コンサルタントのようなキャッシュフローのいいビジネスはめったに無いです。

さらに、先払いのメリットは、クライアントが本気になるということです。そのため、結果が出しやすくなります。

従業員を雇わなくてよし！　仕事はそれぞれの専門家に発注しよう

本書は「ひとり起業」をすすめるための本なので、「従業員ゼロ」を目指します。そうはいっても、「電話を受ける人や書類を仕分けする人は雇った方が良いのでは？」と考える方もいるでしょう。

たしかにひとりでできることは限界がありますが、そういったものにはサービスがあります。だいたい、電話代行サービスだと、月額１万円以内で月々約１００件対応してくれます。

そして、ラインやメールに連絡があった旨も転送してくれます。

立ち上げた当初はこれで十分です。


他には書類分納サービスや資料整理サービスなども今はネット上で探せばたくさん業者が見つかります。経理代行サービスなどもあります。

人を雇うよりもどのくらい削減できるかなどの見積もりも取ってくれますので、こういったものを活用して、自分は本業である営業とコンサルタント業務に邁進すべきです。

ホームページ運営も専門の業者に発注してみましょう。

「ひとり起業」の立ち上げ時のホームページであれば、数十万円が相場でしょう。

ちなみに、私のホームページは評判が良い業者に依頼しているため制作に１５０万円程かかっています。

それでもこのくらいの金額であれば、従業員を年間数百万円で雇うよりも安くつきます。そして、こういった業者と付き合っていくと、人脈を紹介してくれたり、ビジネスの種を教えてくれたりします。

なぜなら、あなたの事業が成功すれば業者の売上も安定していくからです。

ひとり社長は「従業員を雇う」のではなく、「プロ集団である業者」と付き合いましょう。

自分の判断で、すべての料金を決められる

あなたは会社員として営業していると、商品やサービスの価格を自分で決められず、悩んだことはありませんか？

例えば、「もう少し安くすれば、競合の商品に対して、有意性があるのに」とか、「もう少し金額を上げれば、収益率が上がるのに」などは営業の悩みの種の一つです。

ひとり社長になってコンサルタントになると、自分で値決めをすることができますの

で、ストレスがかかりません。

ただ、この時に注意したいことがあります。

ひとり社長のあなたは薄利多売をやってはいけないということを意識しましょう。

それは大企業がたくさんつくって売るスタイルです。


例えばあなたがコンサルのパッケージを、１か月１万円で販売したとしましょう。そうすると、年収６５０万円なら、単純に月54万円を稼がなくてはなりません。

すると、月54人に販売をしなければいけないことになります。

毎月54人の新規開拓だと月の20営業日で１日２・７人の新規を受けることになるのです。


どうでしょう？

これでは、かなりハードワークをしなければなりません。


そこで私がおすすめするのが、月に２人程度の新規受注が入ればノルマを達成できる

程度の金額の設定です。そうするとひとり27万円のコンサルパッケージ代です。
月に２人程度をコンサルなら、かなり体が楽になります。
余裕のあるスケジュールでないと、いい仕事はできません。

とにかくあなたに提案したいのは、「薄利多売」はやめることです。
コンサル代金を高く設定すると顧客満足度を上げなくてはならないというプレッシャーもあるでしょう。ただ、高額のお金を払ってきてくださるお客様は、本気度が違うので、コンサルティング内容を飲み込む速度も満足度も高いのです。

そうはいっても、「値段を高く設定したら、お客さんそのものが来なくなってしまうのではないか？」とお考えになる方もいらっしゃるでしょう。

たしかにメインのコンサル料は高めに設定するのですが、そうではない、安いコンテンツも必要です。

松・竹・梅のイメージでコンテンツをつくると良いでしょう。

例えば、
・梅→一か月３０００円で電話コンサルが３回まで
・竹→一か月１万円で電話と対面でのコンサルが５回まで
・松→無制限の支援パック一か月で27万円

という風に設定しておきます。

梅をフロントの商品にし、松をメインの商品にしましょう。

ここで梅は同業他社に合わせて価格設定し、できれば少しでも安く売りましょう。「それでは利益が出なくて困るのでは？」と考えるかもしれませんが、そこで儲けようとしなくていいのです。

自分が一番力を入れている商品に全力を投球し、梅の商品は体験版という位置づけにして、フォーマットを決め、対応しましょう。

ただ、これは「梅だから手を抜いていい」という訳ではありません。

そうではなく、安い梅のコースに来ていただいたお客様にもしっかりと対応し、お客様満足度を上げて、次の竹や松に来てもらえるようにするということです。

３０００円のコンテンツに1万円以上のノウハウをつぎ込みましょう。

そうすることで、「３０００円でここまで教えてくれるのか？」という感動がお客様に生まれます。


例えば、私は出版スクールのＺＯＯＭ体験セミナーに来る方々にはいつも同じ内容のコンテンツをお話ししています。

そこでの金額は３３００円です。

ただ、私は無料でYouTubeによるセミナー動画も公開しており、これがこの場合には梅にあたるでしょうか。

そして、その体験セミナーで気に入ってくださったお客様には、西新宿の弊社セミナールームで開催する2か月間全6回の著者スクールで90万円をいただいています。


いずれにせよ、このように段階を踏んでお客様を集客しているのです。

そして、90万円の著者スクールには全力投球し、クライアントをビジネス書の著者に育てています。

そのために納品先になる編集者と人脈を構築したり、著者仲間と本の販促プロモーションの情報を共有をしたり、売れ行き良好書の分析をしたりして、インプットも欠かさずやっています。

しかし、著者が誕生する瞬間を毎回見ることができますし、2冊目、3冊目と出版が決まる人を見て、とても嬉しく思います。実際「ありがとうございました」と言っていただけることもたくさんあり、やりがいにあふれています。

万が一失敗しても、再起がしやすい

本書では、ひとり起業をして社長になり、稼ぐための第一の手段としてコンサルタントになろうということを提案しています。

在庫リスクが無い、お金を先払いでいただけるなどのメリットがあることは先に述べました。

それでも「失敗した時のリスクが怖い！」という方はいらっしゃるでしょう。

当然です。

「起業の仕方」は義務教育では教えてくれませんし、あなたの周囲は会社員だらけでしょうから、ロールモデルも身近にいないでしょう。

それに、子供や妻など家族がいればなおのこと失敗した時のリスクを考えてしまうはずです。

繰り返しになってしまいますが、ここでまとめてお伝えします。

在庫があって店舗を持たなくてはいけないビジネスなら家賃、仕入れ代などの固定費が高くついてしまいます。そして、人を雇うために人件費もかかってくるでしょう。

感染症の危機、地震などの外的要因で万が一事業を続けられなくなったら、これらは多額の損失として残ってしまいます。

しかし、ひとり社長でコンサルタントになった場合はどうでしょう。

商品を売るために仕入れることはもちろん、売上を回収し損ねて深刻な資金難になることもありません。ですから、多額の損失が生まれる可能性はほぼ0（ゼロ）なのです。

また値決めは自分でできるので、売った金額からマージンを取られたりすることも無いのです。

そして見落としがちなのが、失業保険に関する事実。

万が一事業が上手く行かず廃業する時も失業保険が出ます。

また、お金の不安がある方は小規模企業共済に加入しておきましょう。

従業員20名（商業とサービス業は5名）以下の個人事業主・企業の役員であれば加入できます。事業を廃止した時に積み立てた金額に応じた共済金が受け取れる制度です。

しかも、小規模企業共済の掛金は全額所得控除（小規模企業共済等掛金控除）の対象ですので、将来のためにお金を貯めながら、税金を減らすことができます。

さて、これはお金の面のリスクです。

よく聞くのが「起業をして、万が一失敗した場合に、会社員として働いていない期間が長くなるので、再就職が難しくなるのではないか？　そして、失敗したということで転職をする際もそれを聞かれて、面接に通りづらくなるのではないか」ということを言われます。

もちろんそういう風に見てくる会社もあるかもしれません。

しかし、ひとり起業というものをあなたがどう捉えるか、そしてそれをやって糧になったことをしっかり整理し面接で伝えることができれば再就職できると思いますし、もう一度違うビジネスでひとり起業もできるのではないでしょうか？

起業をすることで、あなたは他のビジネスパーソンが経験できないキャリアを手にできるのです。事業を上手く回すために何を仕入れるべきか「決断」し、業者とのパイプをつくってビジネスを拡大するので「人脈」も広げられますし、起業家として日々戦うことで「覚悟」も身に付きます。

これらの経験を転職の際に伝えていければ、転職先でもオンリーワンの存在になれるのではないでしょうか？

そして、もうお気づきかと思いますが、社長の目線で物事をすすめていく姿勢が身に付くので、起業でつまずいて、もう一度会社員として生きていく時もそのスタイルはきっと経営者の方々に評価されるでしょう。

このように、資金面、キャリア面でもひとり起業はリスクは無く、むしろ貴重な経験を手に入れられるものです。

オフィスは持つべきか？

ひとり社長は自宅をオフィスにして、起業できるのがいいところであると述べました。また、商談などもカフェですませてしまえば、ランニングコストのかかるオフィスを持つという選択をしなくてもすみます。

ただし、私はできれば狭くても良いので、コワーキングスペース（共有オフィス）を持つことをおすすめします。まず得られる刺激が違います。

近くで働いている人たちをじかに見ることで、ビジネスを本気で進めようと思えるでしょうし、そこで人脈も築けます。

また、月々数万円を払うことで、「ビジネスを前に進めないと」という気持ちにも火がつくので、モチベーションも保てます。

コワーキングスペースであれば、住所も持てますし、郵便物、電話も取り次いでもらえます。

またひとり社長は、業務提携など他社・他者と組むことが必要になってきます。

コワーキングスペースは多種多様な人材の交流の場でもあります。隣になった人や休憩場所で近くに座った人などに積極的に話しかけましょう。

最初の2年間は我慢の時、しかしひとり社長はレバレッジが効いて50代の平均年収をはるかに上回る現実

「ひとり起業といっても、苦労無く稼げるはずは無いのでは?」と聞かれることがあります。実際その通りです。ただ、投資のように考えて下さい。

ローリスクハイリターンのような商品はありませんよね?

リスクに見合った、リターンを得られるのが投資です。

不動産投資のように、ハイリターンを得たいのであれば、大きなリスクが付きまといます。ノーリスクで大きく儲かる投資商品は存在しないのです。

起業も一緒です。

勝負をしなければ、リターンは望めません。そして、同じようにリスクを上げれば、大きなリターンが得られるのも一緒。

ひとり起業というのはまさに、低リスクで始めて、堅実なリターンを得ることができる起業法です。

では、リターンを得られるまでにどのくらい時間がかかるのか？

7章で他の起業家のインタビューでも触れておりますが、だいたい２～３年で、会社員時代の年収に戻り、その後、４年目くらいで年収６５０万円を超え、５～７年目くらいで、１０００万円を超えていく人が私の周りでは多いです。

さて、ここで私の話をさせて下さい。

私の起業家1年目はインプットに7割近くの時間を割きました。

どうやって食べていくかをしっかりと見定めるために、ビジネス書を購入して読み漁りました。

そして、ビジネス系のセミナーにもたくさん出席し、自分のビジネスモデルを築くためにロールモデルとなる先生を探しました。人脈をつくるために、懇親会にも積極的に参加しました。

たくさんインプットする中で一つのビジネスアイデアが浮かんだのです。

それは、セミナーをやろうとする士業の方に向けて、「セミナーのやり方」「セミナー開催ノウハウ」を教えるコンサルタントになるということ。

ですから、セミナーはどういった形で開催されているのかなどつぶさに見て勉強しました。そして、セミナー運営のノウハウをためていき、次年度で売るためにパッケージ商品にしていったのです。

起業するために、中小企業診断士やＭＢＡなどの専門的な知識を年月をかけて勉強する人もいます。たしかにそれも悪くはないのですが、起業家になるために資格はいりません。必要なのは実績ですから、そのためにもセミナーなどに参加して成功パターンを見てインプットするのが、一番の近道です。**フットワークを軽くして、日々成功パターンを見続けましょう。**

会社員を辞めたら早く稼がなくてはという気持ちも分かりますが、研究は絶対に必要ですし、勝利の方程式もつくっておかなくてはいけません。

1年目に市場調査を徹底して行い、2年目から収益を上げるために全力投球していきましょう。

仕事はどうやって獲得していく？ ひとり社長体験記

最初の仕事は、ある有名コンサルタントのフォローアップセミナーでした。2005年当時、私はライブドアブログをやっており、月間のアクセスランキングが総合の10位くらいに入る月があるなど、人気を集めていました。

そのアクセスの集め方やブログのライティングの仕方を、フォローアップセミナーで講演し、「人気ブログの作り方マニュアル（CDセット）」を販売したのです。

セミナー自体は無料で行いましたが、1万円のブログマニュアルはセミナーに来て下さった方々が全員買って下さいました。

また、人脈を駆使して当時、時代の寵児ともてはやされていた堀江貴文氏が社長をしていたライブドア主催セミナーで講師もやりました。そして、しっかりと自分のプロフイールにも「ライブドアセミナー講師」と書いたのです。

コンサルタントで集客をするためにも、自身にブランディングが必要です。

講師の依頼はまずは安くてもいいので受けて、「セミナー講師」という経歴をつくりましょう。

また、現場ではセミナー開催者と人脈をつくり、他にどのようなセミナーを開催しているのかをチェックしましょう。

あなたの顔が売れるチャンスも広がります。

もう一つの手としては有名な方とのジョイントセミナーを開催するという方法があります。売り出し中のあなたには知名度がありません。ですから人のブランドを使わせてもらうのです。

業界の有名人の見分け方ですが、メルマガ読者数、ＳＮＳのフォロワー数、過去のセミナー実績、著書があるかどうかなどで判断してみて下さい。

業界の有名人ですので、そのセミナーにはお客さんが多数くるでしょう。

そこで前座でもいいからセミナー講師をやらせてもらえればその場のお客さんはあなたのことを知り、ファンになるかもしれません。

自分の力だけではなく、他人の力も使い、ビジネスを拡大させていくのです。

コンサルは家庭教師、スクールは集団授業、数のレバレッジで稼ぎは10倍以上になる

ひとり社長になって、自分のノウハウを売るコンサルタントになろうと、本書では伝えてきました。

例えば、それが個人のお客様へのアプローチだとしたら、個人レッスンと変わりません。そこで収入を上げていくためには一人ひとりのコンサル料を上げていくことがベストであることは先ほどお伝えしました。

その後は**ビジネスの幅を拡大することを考えなくてはなりません。**セミナーなどの開催ももちろんそうなのですが、それでは単発で終わってしまう可能性もあります。

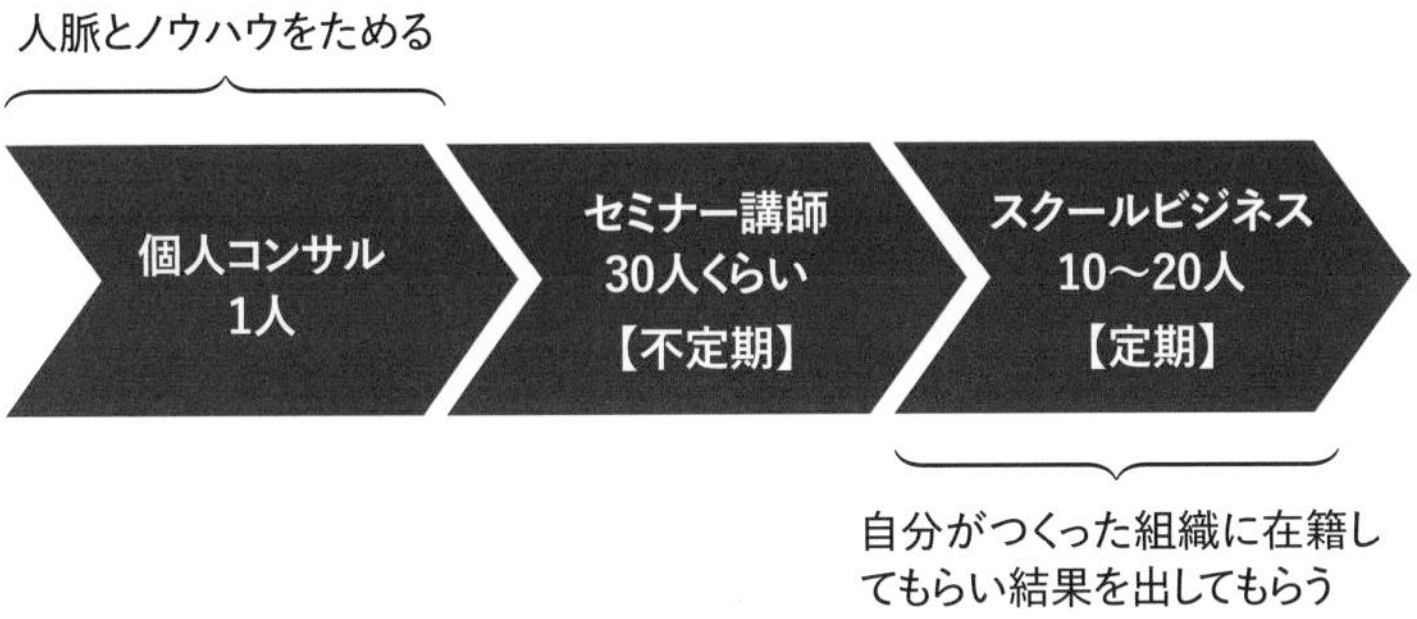

また、世の中のトレンドの変化などもあり、毎年同じセミナー数を開催できるか分かりません。

そこで、私が紹介したいのは、**スクールビジネス**です。つまりお客様ではなく、受講生（私のスクールではスクール生と呼びます）という形で自分の作り上げた組織に在籍してもらい、成果を出してもらう仕組みです。

もちろん様々なノウハウが必要なのでいきなりこの形態にすることはおすすめしません。

まずは個人コンサルをやって、人脈とノウハウをためていきましょう。

その後に、そのノウハウをもっと多数の方々に提供して効率よくお金を稼げるようにしていくのです。

スクール制にすれば、参加者同士の競争も生まれるので、自然と結果も良くなります。もちろん競争というのは、切磋琢磨をするということです。

私の出版スクールの事例を挙げます。

私が教えているスクールでは受講生すべてを出版社に送り出すべく、プレゼンの練習や、企画書の書き方を教えています。

10人いたら、10人すべての出版を目指しています。

これが10人いてチャンピオンの1人しか出版できないという限定性ならどうでしょう?

おそらく切磋琢磨とはいかず、争いが起きてしまうことは想像に難くないはずです。私は自分の出版スクールに入ってくれた受講生すべてに著者になってほしいと考えています。多くの人の夢を叶えたいのです。

ですからあなたもスクールを運営する時の鉄則として、自分のノウハウを惜しみなく注ぐことはもちろん、なるべく多くの人の夢を実現させる方法を選んで下さい。

また、スクールの良いところは、面倒見のいいリーダーが参加者の中から現れることです。

私のビジネス著者養成スクールは2か月間の中で講座が5日間。それに最終日のオーディションの計6日間ですが、講座以外に「フリー勉強会」を設けています。

そこでは私は講義をせず、受講生同士で企画書の読み合わせをしたり、プレゼンの練習をしたりしています。

その際にリーダーがファシリテートしてくれるのです。

私がいないことで、自由な視点で勉強ができたり、受講生同士の連帯もより深まるのです。

さて、最後にそんなスクール運営ですが、これは10～20人規模が良いと思います。これ以上増えてしまうと、一人ひとりに目が届かなくなったり、主催者が多忙になり、コンテンツの質が落ちてしまいます。それでは、本末転倒です。

スクールビジネスは「専門学校」と「紹介業ビジネス」の合わせ技

さて、前頁では、収益のレバレッジを効かせるためにスクールビジネスのお話をしました。スクールビジネスという言葉を初めて聞いた方も多くいらっしゃるかもしれません。そして、いまいちピンとこない方もいるでしょう。そこで私の「出版スクール」を事例に説明いたします。

私のスクールはビジネス書の著者を生み出すために、受講生を集めて、商業出版のノウハウを伝授します。これが専門学校的な部分です。

出版企画書の書き方、プロフィールの書き方、自己分析、他者から見た自分の特徴認識、出版社へのプレゼンの練習などを教えています。ただ、これだけだと不十分です。

ノウハウを学んでスキルを上げた受講生は次に何をすれば良いでしょうか？

そうです出版社に企画書を渡して、出版を決定してもらわなければいけません。そのために必要なのが、**「紹介業ビジネス」**の部分です。

つまり、受講生と出版社の編集者を結ぶマッチングです。

クライアントはもちろん出版のノウハウを知りたいのですが、一番の目的は出版の夢が叶うということです。

ですから、ゴールまでをしっかりと設計しなくてはなりません。

出版スクール最終日は出版社の編集者が受講生のプレゼンを見に来て、面談をしたい著者候補に札を上げます。

昔の、スター誕生方式です。ここで多くの札がすべての受講生に上がるように私はノウハウを教えています。

最近ではほぼすべての受講生が出版のチャンスを手に入れています。

客が客を連れてくる紹介営業の作り方

前頁でスクールビジネスの核になる部分をお伝えしました。

あなたがためたノウハウを余すところ無く伝えることで、受講生の満足度が上がることもお伝えしました。

そうなると、受講生が新しい受講生を連れてきてくれるのです。

もちろん集客のことは常日頃考えておくべきですが、こういった良いサイクルを生み出してしまえば、コンサル実績がそのまま集客に結びつくので、広告費をかけてお金を使うことも、集客に頭を悩ませることもなくなっていきます。

事業が軌道に乗ってきたら、出版をしよう

個人コンサルや、スクール運営が上手く行ってきたら、やってほしいことがあります。

あなたのコンサルノウハウを本にして出版してほしいのです。

私のような出版コンサルに頼んでいただければ、出版までの時間・労力をショートカットできますし、友人・知人に編集者や出版社に勤めている方がいれば、声をかけてみて下さい。


出版は世の中のためになるだけでなく、あなたのビジネスも加速します。

本が出れば出版社はあなたの本を販売してくれます。

アマゾンや楽天ブックスなどのネット書店に本を流通させ、全国の書店にアプローチ

をかけて大きく展開してくれるでしょう。

また、あなた自身もＳＮＳで「出版します」と情報を発信したら、フォロワーが増えたり、メディアの取材を受けたりするかもしれません。

出版社によってはプレスリリースも配信してくれます。

あなたのビジネスを出版社・書店が大きく拡大してくれるのです。


そして、私が一つおすすめしているのが、**新聞広告を出すことです。**

今「読書離れ・活字離れ・ネットの台頭」が叫ばれ、新聞を定期購読していない人も増えてきました。

ただ、このような時代に新聞を読んでいる読者は間違いなく知的レベルが高く、それなりの富裕層ではないでしょうか？　その中でもビジネス書であれば日本経済新聞に広告出稿をすると、相性が良いでしょう。


日経新聞で広告を出稿するとアマゾンや楽天ブックスなどのネット書店でランキングが上がったり、全国の書店で売れ行きが上がり重版につながります。

新聞広告掲載	広告審査	金額（全国紙・五段広告）
個人・経営している会社の広告を掲載する場合	個人や経営している会社が小さいと審査が通らない可能性もある	数百万円ほど
自分の本を掲載する場合（広告料を自分で支払う場合）	ほとんど通る	数十万円〜
自分の本を掲載する場合（出版社が広告費を負担する場合）	ほとんど通る	無料

※時期やタイミングによって値段は変わります。

そして、読者が直接「本を読みました。日経新聞を見ました」と電話をかけてくることもあるのです。

私もこれまで書籍を26冊出版し、ビジネスを拡大発展させてきました。出版して、新聞広告を掲載するとだいたい、前述したような反響があります。著者の負担で数十万円くらい払うと、大きなサイズで広告掲載させてもらえます（時期やタイミングによってもちろん広告金額はことなります）。

もし著者の会社や個人で全国紙の新聞に広告を出す場合、全五段広告で数百万円くらい、全面広告だと数千万円くらいが必要です。

そもそも、一個人、一法人が新聞に広告を出そうと思っても審査に通りません。

全国に名前を売ろうと思ったら、膨大な費用がかかります。しかし、本を出版するとそれが無料です。

あるいは、出版社によっては、著者が数十万円を負担するだけで全国紙へ広告を出してもらえます。

商業出版をすることで得られる宣伝効果は、計り知れないのです。

私が出版コンサル事業で年商6000万円になった権利ビジネスのすごい仕組み

ひとり社長で稼ぐためには、仕組みをつくることが必要です。

不労所得のようなイメージでお金が入ってくる仕組みをつくらなければ、実働し続ける毎日で楽にはなりません。

私は著者スクールの受講料として、参加費90万円を受講生からいただいています。そして、出版にいたった場合には、著者印税の中から成果報酬として3％を初版、重版共にいただいています。

こうすることで、受講生が出版した後も私に出版社からお金が入るようになっています。ただ、この仕組みがあるため、私は出版ノウハウを教えるだけでなく、出版社の編集者を呼んで、著者と引き合わせ、出版を実現させるだけでなく、より売れるようにプロデュースするのです。

もし、印税3％をもらっていなかったらどうなるでしょう？

スクール生にノウハウを教えたらさっさと卒業させ、また次のスクール生の募集をし続けることでしょう。

これからのひとり社長は、お客様と長く付き合うためにも権利ビジネスという形で、マージンをいただくことを考えていくべきなのです。

通常の業界で言い換えれば、「着手金」及び「成果報酬金」を必ずセットでいただくのです。

そして、満足度が上がったクライアントは口コミを広げてくれることでしょう。

既存のお客様がお客様を紹介してくれたり、リピートしてくれると、新規集客の費用を抑えることもできます。

2 章

いきなり650万円稼ぐ
開業準備法

- フリーランスではなく、いきなり会社を設立する
- 「フリーダイヤル」で、信頼を勝ち取る
- 士業の方々と知り合いになっておこう
- 会社を円満退職しよう

何の専門家か、ハッキリ分かる「肩書」を考えろ

肩書はとても大切です。

今まであなたは、会社に所属し、部署・役職が決まっていました。もちろん取引先は「○○さんだから」と仕事を発注していたかもしれませんが、それはあなたについた社名・部署名・役職があってできたことです。

しかしこれからは自分の力で食べていかなくてはなりません。

ですからあなたが何者でどんなベネフィットを取引先であるお客様に提案できるのかが肩書から分からないといけません。

よくある失敗している肩書例を紹介します。

「経営コンサルタント」「集客コンサルタント」などはよく見かける肩書ですが、これでは具体的にあなたの強みがどこにあるのかパッと見分かりません。

それに経営コンサルタントであれば、大前研一さんのような著書を何冊も書いていて華々しい実績を上げた人には勝てません。

あなたはこれからの人なのですから。

集客コンサルタントも同様です。元大手広告代理店出身のマーケターに実績の無いあなたが勝つのは難しいでしょう。

私は出版コンサルタントと名乗っています。この肩書なら、私が何の専門家なのかすぐに分かるため、仕事の依頼を受けやすいです。

出版をしたいと真剣に考えている人は少ないと思うかもしれませんが、潜在的にはたくさんいます。その中で私の著者スクールに参加する人は年間50人程度です。

こういったマイナーに見えるかもしれないところにも相当数の依頼がくるのですから、肩書は具体的に差別化したものを記載しましょう。

クライアントが逃げていく「NG肩書」

まず実例を見せます。

・幸せコンサルタント
・イキイキコンサルタント
・感動コンサルタント
・ワクワクコンサルタント
・ドキドキコンサルタント
・前向きコンサルタント
・貢献コンサルタント

こういった言葉は理想を語る言葉なのですが、すべて抽象的です。

名刺をもらった相手に「この人は一体何をやっている人なのかな？」と考えさせてしまいます。また、ネット検索でも競合が多数いるため、あなたのホームページに行きつかないでしょう。

私の知り合いにベーカリーショップ専門の税理士がいます。

母親がパン屋を運営していたため、愛着が強くそういった方々を助けたくてパン屋専

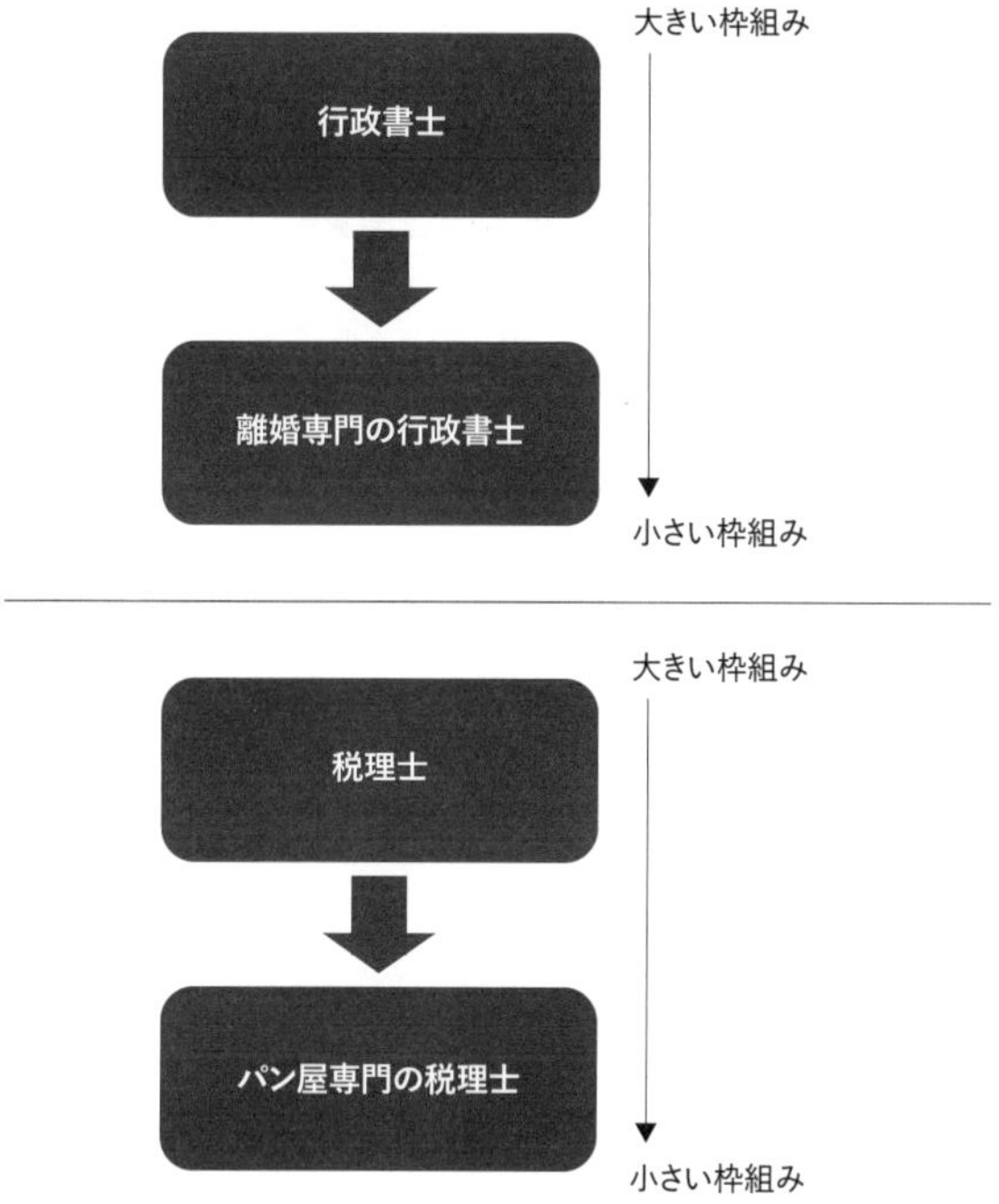

門の税理士になったようです。

彼のところには他の飲食業からの依頼も多いのだそうですが、パン屋専門税理士の肩書は外しません。

同業他社との差別化もできていますし、ユニークなため、検索されやすいのだそうです。ターゲットを絞って上手くいった好例です。

また、離婚専門の行政書士もいます。

離婚を考えている人は多いものの弁護士に頼むと値段が高くて困っている人が多いので、その困りごとを解決しようと、行政書士として働き、活躍しています。

こういった具体的な肩書の作り方を考えて下さい。

そのためには、大きい枠組みから細分化していくことをおすすめします。

もしくは抽象的なものから具体的なものに掘り下げていってもいいかもしれません。

自分をセールスできる「名刺」をつくれ

ビジネスパーソンの必須ツールは名刺です。

これまであなたはビジネスパーソンとして、名刺を総務部からもらって取引先に自己紹介の時に社名と名前を伝えて、渡すだけでした。

しかしこれからは、その**名刺があなたのチラシ代わりです。**

つまり、名刺を見ただけで、あなたが何の専門家なのかすぐに分かるようにしなくてはなりません。そして、どんな悩みを解決できるか、実績はあるのかが分かるとなお良いです。

これらが分かるデザインを名刺に施しましょう。

肩書きがハッキリ分かるものを記載！

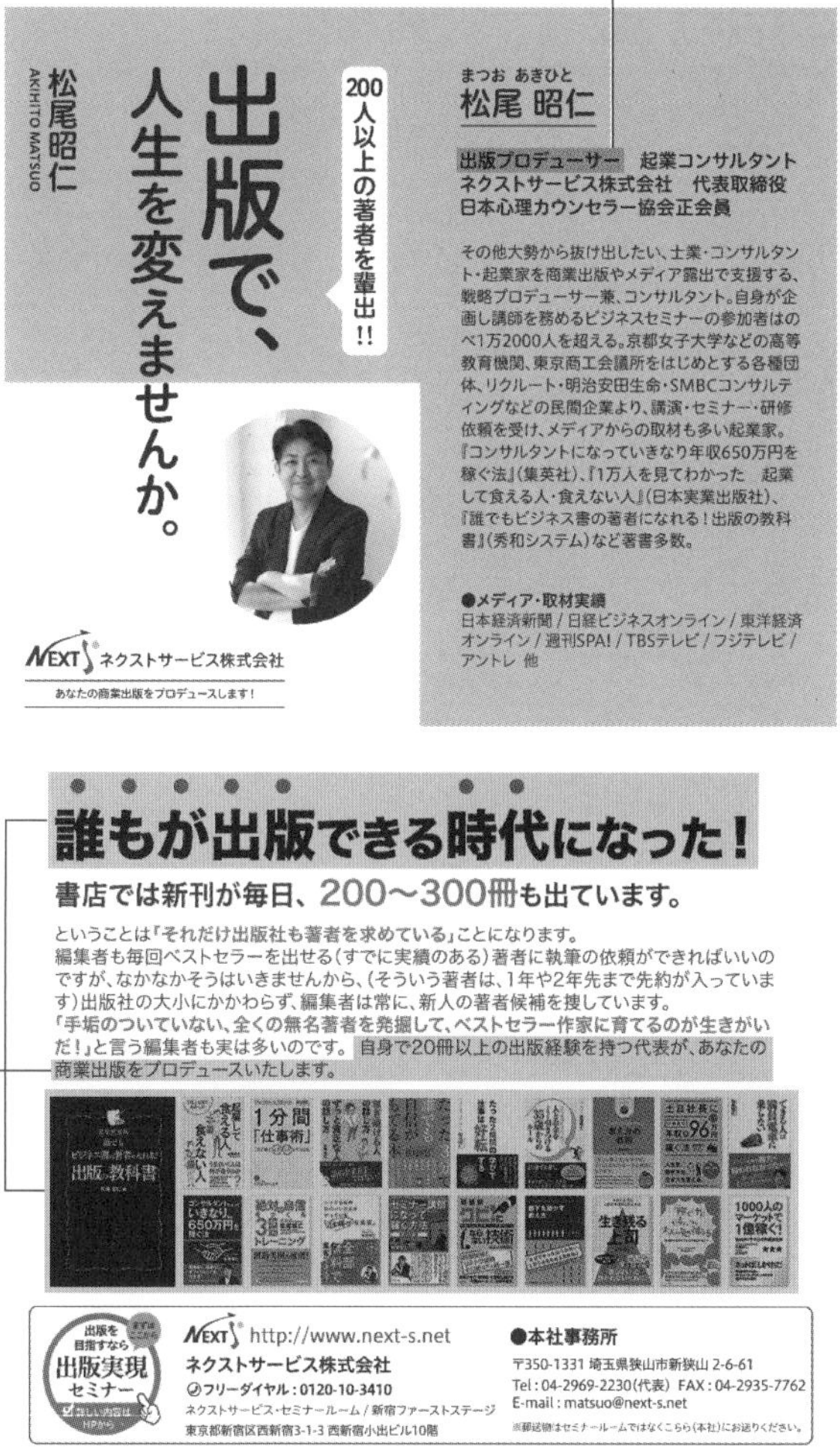

実績・仕事内容が分かるものを記載

まず**顔写真は必ず掲載しましょう。**

名刺を見れば一発で思い出してもらえます。

また、その顔写真が引き金になって、打合せした内容まで先方は一気に思い出してくれる可能性も高まるのです。


ためしに自分の名刺フォルダーの中から名刺を見てその人となりを思い出して下さい。

顔写真入りの名刺のほうがすぐに思い出せませんか？

自分自身が売り物であるひとり社長の商品は顔。

必ず、名刺に顔写真を入れましょう。


そして、名刺の顔写真はスタジオでベストショットを撮影しましょう。カメラマンに名刺の写真を撮る旨伝えれば、良いものをみつくろってくれます。印象や画質もよくしてくれますし、オプションで顔の補正までしてくれますから、ここにお金は惜しまず使いましょう。

そして、その写真はあなたのＳＮＳやブログ、ホームページにも使いましょう。

いきなり、会社を設立しろ

「ひとり社長のメリットは分かりました。ただ、まだ資金もたまっていないので、まずはフリーランスから始めていきたいと思います」

こういう人に対して、私は**従業員ゼロでも会社を設立した方がいいと伝えています。**

あなたに仕事を頼む人のことを考えてみて下さい。事前の情報が限られている中で法人と個人どちらに仕事を発注しますか？

コンサルの内容も値段も変わらなければ、法人を選択するはずです。

名刺に「○○コンサルタント」と肩書が入っていても、携帯電話の番号しか掲載されていなければ、警戒をされてしまいます。

「お金を払っても大丈夫かな？　仕事はしっかりと完遂してくれるかな？」と疑問を持たれてしまうのです。これが名刺の肩書に「代表取締役」と入っているだけでもブランド力が大幅に変わってきます。

昔と違って今は株式会社をつくるのに大金は必要ありません。

法定費用とその他の費用を合わせても25万円程度で設立できるのです。


それだけのコストを渋ってしまうことで受注を逃してしまうのは損です。

おそらく1回か2回の仕事で、そのような金額はペイできてしまいます。


ビジネスが軌道に乗ると大手の仕事も受注できるかもしれません。

その際に重要なのが法人であるかどうか。

大手の会社が支払う金額は大きい。そのお金を払うに値するかどうかはあなたの能力だけでなく、いろいろなところで見られます。当然個人に発注するのか法人に発注するのかも重要な基準になりうるのです。


仕事を受注するために会社を設立することが必要なのか？　と思われるかもしれませんが、事業を本気でやるという意思表示にもなるのです。

だから、会社設立は「いきなり」やってしまっていいのです。

「フリーダイヤル」で、信頼を勝ち取れ

さて、先ほど、会社設立、名刺の作り方を紹介しましたが、ここでさらに重要なのが、フリーダイヤルを持つことです。

感染症もあり、地方でも仕事ができるようになった今ですが、それでも、会社の住所が「東京都港区南青山」とか「東京都千代田区大手町」とかだとそれだけで一流のイメージが湧くと思います。

それとフリーダイヤル（０１２０）も同じです。

世間ではフリーダイヤルは大手通販会社や大手の会社の問い合わせ番号として使われるイメージがあるかと思います。

それだけにフリーダイヤルを使っているひとり社長の会社も「この人は本気でビジネスをやっている」と思ってもらえるのです。

東京の会社であれば市外局番「03」です。これを取得するためには23区内に引っ越さ

なければなりません。しかし、フリーダイヤルであれば、引っ越さなくても取得できます。

フリーダイヤルを電話番号として持つためにかかる費用は、工事代２０００円前後、月額費用も１０００円程で、後はかかってきた電話代金くらいです（２０２２年3月現在）。

この程度の出費で信頼が買えるのであれば、安いのではないでしょうか？

ひとり起業をしたての頃のコンサルタント業務は基本的に不安視されます。実績をこれからつくるあなたなのですから、それはある意味当然です。

そういったことを仕組みを使って、一つずつ晴らしていくのも大切。

手間と少しのお金さえ惜しまなければできることなのであれば、とことんやりましょう。

今いる会社以外の「ビジネス人脈」を10人つくれ

あなたの知り合いに独立している人は何人いますか？

もしまだ1人もいないのであれば、まずはビジネスセミナーを受けたり、イベントに行ったりして、会社員以外の人脈をつくりましょう。

最低5人くらいいれば、その人たちにいろいろ聞いて知見を得ることはできます。


そして、それらの人は大成功しているベンチャー企業の社長とかでなくて良いです。

起業したての人でも全然構いません。


今まであなたは風邪をひこうがやる気が出ないで営業せずにぶらぶらしていようが（もちろんよくないことです）お金を会社は払ってくれました。

しかし、これからはそういったことは通用しません。

風邪をひいて仕事ができなければ、お金を稼げませんし、それでも固定費はかかり、通帳の残高は減少していきます。


起業家は健康にはものすごく気を使っています。

そして、日々の体調管理・メンタル管理も徹底しています。

そういった人たちとまずは付き合って、あなたの覚悟と世界観を変えましょう。周りにいる人が会社員ばかりだと風邪をひいても有給を消化すれば良いですし、飲み会などでストレス発散のため、愚痴に時間を使って無駄にするような思考に染まることもあるでしょう。

本書を手に取っているあなたはそんなことがしたい訳ではないはず。**まずは日々真剣勝負をしている起業家と付き合えるようにしていきましょう。**

先ほども少し紹介しましたが、そういった人たちと出会える場所はいくつかあります。

経営者やフリーの人と出会うには交流会が良いでしょう。中でもおすすめは懇親会。ここで起業家の苦労話、最近のトレンド、そして人脈を仕入れましょう。

異業種交流会は名刺交換と雑談で終わってしまいがちです。名刺の数は増えますが、ビジネスの悩みを相談したり、仕事を一緒にできるような深い関係はつくれないでしょう。

一方ビジネスセミナーではワークなどを一緒にするうちに、連帯感も生まれてきます。もともと同じテーマを学んでいるのですから、まったく違う世界からきていた者同士でもどこかに共通点があるのです。

セミナー後の懇親会では「○○のコンサルタントをやっています」と自己紹介し、真剣度を示しましょう。そうすることで本気で頑張っている人からアドバイスがもらえます。

「頼れる専門家のネットワーク」を築こう

先にひとり起業をする際には業者に仕事を発注しようとお伝えしました。そして、その時に業者と仲良くなって、様々な情報を聞こうとも書きました。

起業して、社長になると孤独になります。

会社員は、仕事におもしろみを感じられない時やモチベーションが上がらない時期にも「同僚」「仲の良い先輩・後輩社員」がいました。

しかし起業家にはそれがいませんので、人脈づくりが大事になります。

特に頼りになるのが**「法律」と「お金」の専門家**です。

具体的には弁護士、公認会計士、税理士などです。

通常は顧問になってもらい、毎月の顧問契約を結びます。しかし、起業したての頃には、それらのお金も惜しいです。

ですから、スポットでお金を支払い、相談に乗ってもらいましょう。

しかし、そのためにも関係性が必要。

独立前からそのような人脈をつくっておきましょう。

まず知り合いに士業の方がいるか確認しましょう。

普段気にしていないだけで、親戚をあたってみると1人や2人はいるもの。そこから横のつながりをたどっていくと、いろんな専門家に出会えたりします。

また、**弁護士や行政書士の方々が参加するようなセミナーに申し込んで行ってみましょう。**すると、自分以外ほとんどが士業の方だったりします。

片っ端から名刺交換し、「○○と申します。起業してコンサルタントをやろうと思っています」と挨拶をして、人脈を築くのです。

また、**現在所属している会社にも専属の弁護士がいるかと思います。それも調べておきましょう。連絡先が分かれば、独立後声をかけてみましょう。**

こういった士業の方々とお付き合いするメリットはたくさんあります。

例えば、「契約書」を書く時。

法的な文書を自力で仕上げて抜け目なく完成させるためには時間も労力もかかります。

そして、素人が本気でつくっても大概上手くいきません。

そんな時に弁護士や行政書士に相談できると簡単に間違いを指摘してくれます。これも一から十までつくらせてはお金がかかってしまうので、そうではなく、あなたが、ある程度つくったものを見てもらうようにしましょう。

また、やはり従業員を雇わずに仕事をしていて、一番大変なのが、クライアントからのクレームです。ただ、そんな時も「弁護士の先生に相談します」と一言伝えると大概の案件はスムーズにいきます。
それでも解決できなかった場合にはスポットでお願いをしましょう。
こういった強い味方を起業前につくるとひとり起業も上手くいきます。

1年間は食べていける現金を貯めろ

いくら「ひとり起業」は低コストとはいえ、暮らしていくための生活費も必要です。だからこそ最低でも半年、できれば1年くらい無収入でも生活できるだけの「貯金」をしておきましょう。

また、お金が手元に無いことにより、お客様へのアプローチも悪くなってしまうかもしれん。お金が欲しいとギラついて営業してしまうこともあるでしょう。今はネット社会。悪評が立ったらアウトです。

突出した才能を持ちながら、お金の準備ができておらず消えていった起業家を私はこれまでたくさん見てきました。

「起業に興味はあるけれど、いますぐにはお金が……」という状況であれば焦る必要はありません。まずは半年から1年暮らしていけるだけのお金を貯めましょう。

その合間にビジネスセミナーなどに出て、ノウハウを学び、知識を増やすとともに人脈を増やせれば、成功する確率も日々上げていけるのです。

会社員でいるうちは、決まった日に決まった給料が入ってくる最大のメリットを生かして、自己投資、貯蓄を心がけて下さい。

会社を辞める時に、ケンカをするな

私の知り合いにかつて外資系PR会社に勤めていて、今は「PRコンサルタント」として独立している女性がいます。

彼女は独立する時、社長に「辞めないでほしい」と引き止められました。

自分のしたいことを丁寧に伝えたところ、週2回会社で働くことで、給料の半分を支払われる請負契約になりました。

この時点で、コンサルタントとして1件仕事を受注できた実績がつくれたのです。

安定した有利な状況を手に入れました。

保険会社に勤務していた男性は、個人向けに家計管理のアドバイスをするファイナンシャルプランナー（ＦＰ）として独立をしようとしていました。

独立を決意している旨、取引先の会社に伝えたところ、「それならうちの財務を見てくれ」と頼まれました。

もともとその会社は彼の仕事ぶりに信頼を寄せていたのです。

結果彼はＦＰではなく「財務コンサルタント」という肩書で独立をしました。

これらは理想的な独立スタイルです。

独立したその日から仕事を得ていますし、それによって自分で働き方を選べるひとり社長になったのですから。会社員時代にしっかりと仕事をしているとこういったことも起こります。

ですから、まず何より優先すべきは今の仕事をしっかりとやるということと、引継ぎなどもきちんと行い円満退社をすることです。

不満もいろいろとあるかもしれません。しかし、自分の将来を考えて下さい。今お金が無かったり、人脈が無かったりしても2～3年もしたら、どちらも揃い、独立のチャンスが到来するかもしれません。しかし、不満を常日頃口に出してしまうと、仲間もいなくなってしまいます。

ですから、ぐっと我慢して、目の前の仕事を一生懸命にやり、円満退職を目指すべきです。

起業の相談は、「起業経験者」だけにしろ

会社員の周りには起業家のロールモデルが無いということは先に話をしました。同僚も、先輩社員の方々も、もちろん後輩もほとんどすべての人が、会社員としての経験しか持っていません。

どの方も「組織で戦う」プロでしょう。

しかし、起業家は「個人として戦う」プロです。

まして、ひとり社長はそうです。

ですから、会社の方々に「起業をしたいのですが……」と聞いてもノウハウを持って

いないため、答えられません。

あなたが相談をするということは信頼の置ける方なのだと思います。その方もあなたが進むべき道を真剣に考えるでしょう。

だからこそ、自分が経験したことの無い、そして失敗する可能性のある生き方を「心配」し、やめるように説得するのではないでしょうか？


それは、ある意味当然ですし、あなたを本気で思っているからこそのこと。

しかし、考えてみて下さい。あなたは「今よりも幸福度の高い生活をしたい」と思ったからこそ、起業を考えたのですよね？

そうであれば、まずは起業経験者に聞くのが筋です。


ビジネスセミナーやイベントに出かけて起業家に「ぼくは○○のジャンルで起業を考えています。何で学べばいいのか？　どうしたら先生のようになれるのか教えて下さい」と相談したほうが良い情報も得られますし、十中八九その悩みに応えてくれるでしょう。

起業の相談は「起業経験者」に限定して、時間もお金も有意義に使いましょう。

「ホームページ」は、起業前から準備しなさい

だいたい数十万円（弊社の場合は１５０万円ほどでした）で業者にホームページを発注できます。

レイアウトやサイトの見せ方などプロに任せましょう。

なぜなら、ホームページはあなたの会社を24時間・３６５日ＰＲし続けてくれるからです。

ＳＮＳでホームページをリンクしてフォロワーやユーザーにアピールすることもできますし、ユーザーが検索をしてたどり着くこともあるでしょう。

その時にデザインが悪かったり、検索に紐づかない仕組みになっていたら、大変です。

ですから、業者にホームページを依頼し、月２～３万円で更新をしてもらい、ビジネスの支えにするべきです。

ただ、大切なのは、そのホームページであなたがどんな経歴を持っていて、誰を救え

るのかが明確になっていることです。

ホームページのコンセプトはプロの業者でも設定できません。

起業前に同業他社のサイトを見たり、自分を分析したり、お客様になる人を想定したりしながら準備しておきましょう。

SNSの集客はこれをやろう

SNSによっていろいろな特徴があるので、一概に「この方法を試すべきだ」というのは、私からは残念ながら断言できません。

いったん、SNSの特徴をまとめてみましたので、表をご覧下さい。

ただし、大前提として、どのような手段であれ情報の発信は行わなければなりません。インターネット上に情報を発信していないと、あなたの会社はこの世に存在していないのと同じだからです。

十数年前まではホームページを開設していれば、オンライン集客の対策としてそれなりに足りていました。

サービス名	特徴	用途
Facebook	基本的には、実名かつ顔写真の登録が必要。そのためビジネスシーンで活用している人が多い。フォーマルな環境としてプライベートよりも同僚やクライアントなどとつながるツールとして利用されることが多い。実名のため、面識のある人とつながることが多いので投稿が注目されやすい	主に採用やBtoBのプロモーションを行う場として相性が良い
Twitter	リアルタイム性と拡散力。リアルタイムの情報が得られるというところから、特にトレンドに敏感な20～40代の利用が多い。思いついたらすぐつぶやける140文字の短文投稿という手軽さから20～40代以外の年代からも利用されている	Twitterは情報の入れ替わりが早い分、投稿するコンテンツによっては「既存ユーザーのファン化」「新規ユーザーの獲得」どちらにも対応することができる
Instagram	若者へのアプローチが可能。メインユーザーは20～40代となっていて、写真や動画の投稿だけでなく買い物の手段としてInstagramを利用する若者も増えている。この傾向からInstagramで人気になったインフルエンサーがブランドを立ち上げ、拠点としてビジネスをしていくケースも増えている。	テキストと違って写真や動画は商品のイメージを伝えやすいので、アパレルやコスメなどイメージ重視の商品販売との親和性が高い
TikTok	コンテンツの基本材料である音楽やエフェクトが揃っているので、誰でも管単に動画を作成、投稿することができる。単なる動画ではなく動画の速度を変えたりオリジナルのダンスなどを投稿できたり思いのままに動画をカスタマイズできるので、ユーザーはよりオリジナリティのあるコンテンツを発信することができる	10代にバズるような新しくて楽しくて真似しやすいコンテンツが好まれる
YouTube	バズると急上昇ランクという機能でチャンネル登録外のユーザーにも動画を届けることができる。拡散する動画は思わずシェアしたくなるようなインパクトがあってオリジナリティが高いものが多く、いったん拡散されれば、登録者数も増えて、拡散の輪が広がっていく。	YouTubeはリンクを簡単にコピーして共有できる機能があるため、TwitterやFacebookなどのSNSで共有することができる。拡散される動画をつくれれば、プロモーション費用をほとんどかけずに多くの人にアプローチすることができる

しかし、スマートフォンが普及し容易にネットに接続ができるようになり、ＳＮＳが発達したことで、オンライン集客がさらに重要になっています。

ですから先ほどお話したようにホームページはプロに任せて、ＳＮＳでの情報発信を心がけていく必要があるのです。

私はFacebookとYouTubeを使っています。

私が運営するネクストサービスのビジネス著者養成スクールは出版を目指す主に個人事業主が顧客対象（弁護士、税理士、会計士、社労士、コンサル、医師など）です。

また本を出版したい人は、比較的年齢が高いため、ＳＮＳは主にFacebookを利用しています。この本を書いている２０２２年３月２日現在、私のFacebookでの友達が４９７２人と上限５０００名に届く勢いです。友達の多くは私の本の読者であり、さらにセミナー、スクールの受講者なので、Facebookに記事を上げる度に私の最新の情報は伝わりザイオンス効果として強い印象が残るのです。

また、Facebookの連動アプリケーションであるメッセンジャーを使って、出版スクールで出版が実現した受講者に、２冊目の出版を呼び掛けたり、原稿がなかなか書けなくて困っている受講者に私の執筆ノウハウを伝授したりして、手厚くフォローもしています。

YouTubeは、セミナーを収録し1分から5分程度の切り抜き動画をたくさん用意し、実際に講演をしている私の姿を見ることができるようにしています。

人となりを実際見ていただいて判断できるようにしているのです。

※YouTube検索［松尾昭仁 最短で商業出版を目指す「ネクストサービス」］

ひとり社長の稼ぎ方必勝パターンはこれ

まずは個人コンサルを行い、セミナー開催、スクール運営を行って、ある程度経験を積み上げたうえで、大手企業のセミナーを行う旨お伝えしました。

さてここでは稼ぎ方の必勝パターンを具体的に記載していきたいと思います。

まずは計画に具体性を得るためにも、目標を逆算していきましょう。

年収６５０万円を稼ぐためには、会社の年商８５０万円くらいは必要です。

法人税の支払いや、日々の営業コストなどのランニングコストがかかるためです。

その８５０万円を12か月で割ると1か月70万円稼ぐ必要があることが分かります。

さらに月の稼働日数（現実的には25日）で割ると１日当たり２万８０００円になります。

ここまで明確に落とし込めたら、次に自分が収入を稼ぐ手段を当てはめてみましょう。

①　個人コンサル、スポットコンサル　２時間２〜３万円
②　セミナー研修会社からの講師依頼　１日20万円
③　自主開催セミナー　参加費用１万円定員30名
④　会社の顧問契約　１件１か月10万円〜20万円

さて、現実的には、まずは起業して１〜２年は①をしっかり堅実に行うことになるでしょう。

しかし、①だけでは１か月30件近くのコンサルを受けなくてはいけません。それでは楽になりませんし、年収を上げていくのはとても困難です。

そこで、③のセミナーを開催するために①のノウハウをしっかりためてストックしていく。

また、③をこなしていく中で研修会社や大手とのパイプをつくり、②の1日の金額にして、20万円くらいの講師依頼を受けることにつなげていくのです。

また、職種によっては企業との顧問契約を結べる可能性もあります。

ただし、これは実績がついていく過程でできるものですし、こちらも多数をこなしていくとスケジュールとクオリティ的にハードになってしまいます。

そこで、私はハイブリッド型をおすすめします。

1万円のセミナー1件　↓　スポットコンサル×10件　↓　顧問契約×1件

こういった形で1か月を回していくことで、無理の無い収益を上げていけるよう、自分のビジネスを仕組み化していきましょう。

それとここで、大手のセミナー会社や企業の顧問契約を結ぶ意義をお伝えします。

それは、クライアントに大手があることで、個人のお客様が安心できるという事実です。

ですから、大手でセミナーをやるチャンスに恵まれたら講師料は欲張らないで下さい。

あなたの代わりはいくらでもいるのですから。

とはいえ、高額をいただけるのならそれに越したことはありません。

そこでこういう形で臨んで下さい。

「御社のような会社様でセミナーをやらせていただきとても光栄です。ですので講師料（または顧問料）はそちらの規定通りの金額でお受けいたします」。

こうすることで同業他社の相場と同じ価格で案件を受注できます。

企業の担当者はだいたい「おいくらでセミナーをやっていただけますか？」と交渉してきます。その時に「ありがとうございます。10万円でお受けいたします」と答えてしまうと、相場が20万円の場合に10万円も損をしてしまいます。

ですから大手のセミナーを受ける時は極力こちらから金額には触れないで下さい。

一度設定した金額は半永久的な価格になります。

「これだけ実績が出てきたので、金額を上げて下さい」と言ってもなかなかそれは聞き入れられないのです。

3

章

「ひとり社長」の営業黄金パターン

- 簡単に頭を下げない
- 自己紹介は「肩書+名前」をセットで
- マスコミ関係者とはゆるく長く付き合おう
- 複数のやり方で情報発信をしよう

むやみに頭を下げるな

少し前まで、あなたはいち会社員でした。営業に来る人や営業に行く人を見て、よく頭を下げている姿を見ていたのではないでしょうか？

そして、あなたがもし営業経験があるのであれば、得意先に行く時に当たり前のように頭を下げていたことでしょう。

しかし、ひとり社長になり、コンサルタントとして仕事を受注する時には、それはあまりおすすめできる方法ではありません。

ビジネスは難しい世界で、頭を下げた瞬間から立場が決まってしまうのです。**新規取引の際にはなおのこと。コンサルタントであり、社長でもあるあなたが頭を下げることで、受注金額に影響が出てきてしまうのです。**

「ディスカウントできそう」と思われたり、時には「自信が無いのか」と考えられてしまい、あなたのコンテンツ自体を疑われることにもなりかねません。

また、「何でもやってくれるのかも」とあなたにすべておんぶにだっこのスタンスで臨んでくるクライアントもいるかもしれません。

そうなってしまったら、一つの案件に労力がかかりすぎ、数がこなせなくなります。

ですから、まずは、「(相手から)お願いします」と言われる状況を作り出し、そのうえで「お受けさせていただきます」というパターンにしていくのが理想の形です。

プッシュ型営業ではなくひとり社長のコンサルタントはプル型営業で案件を受注することを念頭に活動していきましょう。

コンサル会社での修業は、必ずしも必要ない

よく聞かれるのが、「コンサルタント業をやる場合にコンサル会社での経験はあったほうがいいのか？」ということです。ただ、思い出してほしいのが、あなたが好きなこと、今までやってきた仕事をベースに起業をしたということです。

私が良い例です。コンサル会社での経験はありませんでしたが、セミナー講師になる

やり方をコンサルしてきましたし、出版コンサルタントとして、３００人以上の著者を送り出してきました。

そして、自身でも26冊出版しています。私のような専門コンサルで大手で働いたことのある経験者はむしろ少数派。自分で実績を積み上げて、信用を勝ち取ってしまえば、資格同様、コンサル会社での経験も特に必要ないのです。

それでもコンサル会社での経験も生きる時はあります。

私の知り合いに日本有数の大手コンサル会社で実績を積んだ人がいます。コンサル料もかなり高いです。

その秘訣は書類づくり。大手コンサル会社のレポートは山のように多いのです。作成に手間暇がかかるのは誰の目にもあきらか。

だから、高額のコンサル料を請求されてもクライアントは納得するそうです。

こう考えると将来的に大手法人とのコンサル契約を結べるようになるためにも、大手コンサル会社に就職することは意味があるのかもしれません。

自己紹介は、「肩書＋名前」をセットで

私は名刺交換の際に「出版コンサルタント」もしくは「出版プロデューサー」の松尾昭仁です、と名乗っています。肩書と名前をセットで言うことで相手に「松尾昭仁がどんな仕事をしているのか」クリアに理解してもらうためです。

たったこれだけで、出版をしたい人は向こうから声をかけてくれるようになります。

しかし、あまりこれをやっている人を見かけることはありません。

会社員時代はそのようなことをいちいち伝えなくても企業の名前であなたが何を仕事とする人か先方が勝手に理解していたからです。

ただ、独立したのなら肩書が無いとあなたが何屋（何の専門家）なのか誰にも分かりません。こうした事態を避けるためにも最初に肩書を言いましょう。

クライアント同士の「紹介制度」を確立せよ

昔から「類は共を呼ぶ」という言葉があるように、似通った価値観や社会的地位の持ち主同士は自然と仲良くなります。

投資家の周囲には投資家が集まるように、起業家の周りにも起業家が集まるようになっています。

私は「出版コンサルタント」をしていますから、私の周りにはビジネスで成功を収めた起業家や、編集者が多い。そして、著者も集まります。

その中で新たなビジネスを創出しあったり、情報を共有しあったりしています。

著者候補の起業家には、出版のお手伝いを徹底して行うことで、他のお客様を紹介してもらうこともあります。

信頼関係のあるクライアントから新しいビジネスをどんどん紹介してもらいましょう。

そのためにも、既存のクライアントには丁寧にフォローアップすることが必要です。

私は、既存のスクール生から出版に興味のある友人・知人を紹介していただき、新規に講座に入った場合、紹介料をお支払いする制度を設けています。

お客様に知り合いを紹介してもらうのは最大の集客になるのです。

起業仲間とは、「持ちつ持たれつ」の関係を

前の項目でお話しした紹介制度はお客様との間だけでなく、起業家同士、もしくは、コンサルタント同士でもつくれます。

私が依頼されるのは、「出版してビジネスを加速したい」ということですが、そんな方々は他にも困っている案件を抱えています。

例えば、「ホームページをリニューアルしようと思ってる」とか、「最近はやりのYouTubeでの集客を考えている」などと相談されることもあります。

そうした場合、提携している起業家・コンサルタントに案件を回します。

それを「**パートナー制度**」と呼んでいます。もちろん逆に私が案件を提携先からいただくこともあります。

ひとり起業ですから、案件を自分で探すだけでなく、案件が自然と集まってくるように仕組み化しておくことも必要です。

「パートナー制度」で紹介料が入ってくるシステムをつくっておくのは当然のこと。同業の方がライバルではなく、パートナーになることで、仕事の速度も受注数も加速していきます。

仕事仲間を増やして、自分のビジネスを拡大していく仕組みも構築しましょう。

「商業出版」は、最も効果的な営業ツール

ひとり社長としてコンサル業務を続け、ノウハウがたまって実績もついてきたら、商業出版をするべきだと第一章にも書きましたが、ここではその具体的なメリットを追記

します。

出版すれば全国の書店にあなたの本が並びます。

アマゾンなどのインターネット書店にあなたの名前が登録されるのです。

そしてクライアントが名刺や広告からあなたの名前をネット検索すると、書籍などがヒットするようになります。

あなたも仕事上で付き合っている人が書籍を出版していたら「すごい人だ」と思いますよね？

つまり本を出すことにはそれだけのメリットがあるのです。

今はインフルエンサーが書籍を出版するように、その道のプロでなくてもどんどん若手のビジネスパーソン達が本を出す時代になりました。

それだけ「成功のノウハウを知りたい」というニーズの表れでもある訳です。また、どんな有名人でも当たり前ですが、最初は無名だったのです。ですから、あなたがまだ無名であってもそれなりの実績と再現性のあるノウハウがあれば出版することは可能なのです。

ですから、ノウハウや実績をコツコツためていきましょう。

書店であなたの本を見かけて手に取る人たちはあなたの見込み客です。そして、あなたを知ったうえでコンサルを申し込んでくれる優良顧客の可能性が高いのです。

私もそうやって事業を拡大してきました。

本気でコンサルビジネスを拡大したければ、あなたも商業出版を検討するべきです。

マスコミ関係者とは、上手に付き合え

テレビやマスコミ、最近ではオンライン媒体に取り上げられるとあなたの知名度は飛躍的にアップします。

私は多くのメディアの編集長や記者の方と付き合いがあります。

マスコミに取り上げてもらうためには、人脈が必要です。

そのためには、コンサルタントとして専門性を磨いておくことはもちろん、こちらから人を紹介することも重要です。日々マスコミは情報を探しています。

新聞で例えると、「今日は何も起こりませんでした。ですから今日の紙面は白紙です」と掲載する訳にはいかないのです。

つまり記者や編集者は日々ネタを探している。そして、それらを世に発信しなくてはならないのです。ですから、私はマスコミ関係者には「何か困ったことがあったら、いつでも言って下さい。すぐに人を紹介します」と伝えています。

そしていざマスコミ関係者から連絡があった時には自分の専門外のことでも勉強して情報提供していました。お酒を飲んでいる時でも休日でも電話があればすぐに対応をしました。

こうした積み重ねで、私が本を出せば、記事にしてもらったり、私のクライアントである著者が出版すれば、それも取り上げてくれたりします。

マスコミ関係者はなんとしてもつながっておきたい人脈です。

その方々とつながるためにも日々あなたは情報を発信しなくてはいけません。SNSやホームページの更新、検索ワード対策をするなどオンライン上でできることはやっておきましょう。

前のページで名刺に具体的な肩書を入れる旨お伝えしましたが、そういったこともあなたを探しあてる一つの要因になります。また、マスコミによく取り上げられている人のセミナーに行くのもいいでしょう。

そういう場所にはマスコミ関係者が参加していたり、そのセミナーの登壇者と仲良くなることで、メディアを紹介してくれる可能性も出てきます。

ただ、マスコミ関係者との人脈をつくる時に注意してほしいことがあります。それはアピールをしすぎないこと。マスコミ関係者は、売り込みにはうんざりしています。

ですから、ゆるく長くマスコミ関係者とはお付き合いするべきなのです。

ホームページにはあなたのコンサルノウハウを掲載する

ＳＮＳや広告掲載、口コミ、交換した名刺からあなたを知ったお客様が次にすることは何でしょうか？

あなたに興味を持ったお客様はあなたのホームページを必ずと言って良いほど確認してくるでしょう。

もしあなたの名前で検索をしていきあたる情報が無ければ、興味を無くして、調べることをやめてしまうでしょう。

こう考えるとホームページの重要性が見えてきませんか？

例えばあなたが本を出版したとして、ＳＮＳでＤＭを送ったり、メールで連絡をするというのは心理的ハードルが高いでしょう。

これがホームページを介することでワンクッションはいることになります。

ホームページには、あなたの事業に関する情報が事細かに載っているので、時間をかけてホームページを閲覧してくれるでしょう。

ですから、ホームページには、無料であなたのノウハウをたくさん掲載して下さい。そうすることでお気に入りやブックマークに入れてくれるかもしれません。こんな時代ですから、ＳＮＳで情報も発信してくれる可能性もあります。

優良な見込み客は、「セミナー」にやって来る

ホームページを見ていただいて、直接お客様になってもらえればいいのですが、情報がこれだけあふれている時代です。さらに確認したうえでないと、コンサルの申し込みは入ってこないでしょう。

ホームページを見たからといっていきなり対面式の個人コンサルを受けることはなかなかハードルが高いのです。

そこで、対面式の個人コンサルを受注する前に「セミナー」を開催しましょう。

セミナーは1対多ですから、受講のハードルも下がります。
「とりあえず参加して、合わなかったら途中で帰る」ことも可能になります。
料金も数千円と安い価格なら気軽に参加しやすいでしょう。

セミナー開催はひとり社長にとってもメリットがあります。
個人コンサルでは、ひとりのお客様からお金をいただきます。
ただ、高額な分なかなか案件の獲得になりません。

これが複数を相手にした場合、「合計何人で何万円」と計算できるのです。
仮に30人のセミナー開催の場合は、ひとり５０００円とすると1回のセミナーで15万円稼げることになります。

人は「複数回情報に接触してから購入する」と言われています。
例えば単価の安い本であっても、そうなのです。

山の手線に乗れば、本のポスターやステッカーが貼ってあったり、書店にいけば、ＰＯＰを見かけたり、アマゾンでおすすめの書籍が出てきたりすることもあると思いますが、あれらもすべてザイオンス効果（刷り込み）なのです。

ですから、セミナー開催、本の出版、ＳＮＳや、ホームページでの情報発信もすべて、個人コンサルを行ったり、スクールビジネスにつなげるためにあなたを効果的に売り込むツールになるのです。

やれることはすべてやりましょう。とにかくお客様の意識の中に刷り込まれることが大切です。

起業入門
本
セミナー
○○新聞
広告
SNS
ホームページ
情報に複数回触れて、
個人コンサルなどを
受けてもらえる。

4

章

放っておいても、行列ができる仕組みをつくれ!

- しっかり価格表をつくろう
- 見えないところより、見えるところを意識する
- 仕事が上手くいっているようにみせることが大切
- 情報の送り手になろう

コンサル料を決める前に、「自分の価格」を決める

多くの人は値段を深く考えずにコンサルをしていたり、ひとり社長として、営業し、安く買いたたかれたりしています。

しかし、値決めは会社を運営するうえで、とても重要です。

また、「いい仕事をしていればそのうち値段は上げていけるだろう」と考えている人もいます。しかし、ビジネスは最初が肝心。

値段の基準をあやふやにしていると、価格競争に巻き込まれてしまいます。ですから、コンサルの料金は明確に基準設定をしましょう。

まずはあなた自身の価格設定からです。

例えば、目標年収が650万円なのであれば、そこから1日を逆算していきましょう。

ここでは計算しやすいように休日をひいた1年の稼働可能日数を250日と計算して、プランをたててみます。

６５０万円÷２５０日＝２・６万円

ただし注意してほしいのは２・６万円という数字は売上高ではなく、粗利であるということ。ひとり社長は経費が少ないとはいえ、完全にゼロではありません。１日２・６万円の利益を出そうとしたら、売上は３万円くらい無いと足りません。

つまり1日3万円以下の仕事は受けてはいけないのです。

個人のスポットコンサルが１日２件入るのであれば、１件１・５万円という形で金額が決まります。

他に電話コンサル、メールコンサル、オンラインコンサルであれば、どのくらい受けられるかを考えて、そこから１件当たりの金額を決めていけば良いでしょう。

ただ、独立当初は知名度も、実績も無いため、１日３万円以下の仕事を受けなくてはならない時もあるでしょう。

そういった時は「本来であれば３万円なのですが、今回は特別に」とか、「〇〇様のご紹介であれば〇〇%オフでいかがでしょうか？」などと、本来の価格帯は別にあるということを伝えておけば、「あの人は安い金額で受けてくれる」という間違った認識をもたれずにすみます。

堂々とお金をもらうには、「価格表」を用意しろ

個人コンサルをやっていると特に「形のないノウハウを教えるだけで、お金をもらってもいいものだろうか」と考えがちです。

それはそうでしょう。

この前まで会社が決めていた商品の価格を自分で決めなくてはならないのですから。

そして、自分は当たり前に知っている・使っている情報を売っているので、値決めも思い切ってできません。

そういった事情から、無料で仕事を受けてしまったり、友達価格で引き受けてしまったりする人が多いのです。

しかし、それはプロではありません。

無料や安い価格で手に入るものではクライアントも本気になってくれません。結果が出なくてもリスクは無いのですから。

なので、無料や大幅な安売りでノウハウを教えるのは、時間と労力の無駄であると今この瞬間から認識して下さい。

それでも値決めへの抵抗感がある人は、価格表をつくりましょう。

松・竹・梅のようなメニューを設定して「梅コースはなぜ3万円なのか、竹コースはなぜ5万円なのか」など合理的に説明して下さい。

価格表が無いといつまでも罪悪感とあいまいな不安感にさいなまれ続けるだけです。

メニューをつくり、自信を持って、クライアントに提示していきましょう。

メニューを複数つくって、まず「定番コース」を提示

値段が分からない商品をあなたは買いますか？　買いませんよね。

ですから、値段をまずは明確に設定することを念頭に置きましょう。

そうはいっても、メニューの中に10個も20個も値段の違うものが入っていたら、それはそれで、お客様は迷ってしまいます。

そして、その挙句購入をやめてしまうかもしれません。

あらゆるニーズに対応したいが、複雑すぎても逆効果。このジレンマに対応するためには、「定番コース」の価格表と「全コースの価格表」を別々に提示することです。

レストランやファストフード店でも人気メニューをランチAセットBセットなどと別のメニュー表をつくって出しています。今ですとタブレット端末もあるかと思いますが、その場合は最初に表示されている画面のところにおすすめメニューが載っていたりしますよね。

こういった形であらかじめ選択肢を狭めることで、お客さんが商品を選びやすくなるのです。多くの方がここからメニューを選んでいきますが、そのほうがこちらの対応も楽になります。

一部のお客様がこだわりのあるオーダーを頼んでくることがあるので、その時のために詳細なメニュー表も用意しておいて下さい。

見えないオシャレより、見える豪華さにこだわる

さて、このように話してきて、実践していただきたいことがあります。

まずは自分の見え方を意識することです。

人間は第一印象に左右されます。

最初に「この人は成功している人だから、話しを聞こう」となったら、その前提であらゆるアドバイスに耳を傾けてもらえるようになります。

逆に「身なりがだらしないけど、この人は大丈夫なのだろうか?」となったら、話を聞いてもらえないでしょう。

ダイエットサプリや健康食品を販売する「銀座まるかん」の創業者斎藤一人さんは、

「商売人は金のロレックスをしろ！」と言っていました。

派手すぎる金のロレックスは万人受けはしないでしょう。もしかしたら、あなたの趣味にも合わないかもしれません。

しかし金のロレックスには「高価」という強烈なイメージがあります。

だからクライアントは、「この人はビジネスで儲かっているに違いない」と無意識に思うのです。

「金のロレックスか！　なら、お金を貯めてから購入しよう！」と考えたかもしれません。

しかし、起業家になったらすぐにでも買うべきです。

なぜなら、カードローンを組んで買ったとしても、あなたは今その瞬間から成功者とみなされるからです。

金のロレックスがあなた自身のブランディングになるのですから。

そして、**高価なものを身に着けていることがあなたのこれからのコンサルや集客に自信を与えるのです。**お金が貯まるのを待つ必要は無く、レバレッジの利く投資だと考えて購入を決めましょう。

かくいう私も金のロレックスは早い段階で購入しました。

本来ブランド物は好きではありません。車も軽自動車をいまだに使っているくらいです。ですが、商売道具は野球で言うバッドやグローブと一緒。

金のロレックスはひとり社長の必須アイテムなのです。

自己演出で、「売れっ子コンサルタント」になり切れ

クライアントの一番の望みは何でしょうか？

「ビジネスの発展」ですよね。

ということは、成功する可能性のある人と仕事をやりたいもの。だから、あなたは自分のビジネスが繁盛しているように見せなくてはいけないのです。

「まだまだこれからなのに、そんなことをして大丈夫か？」

そう考えるかもしれません。

ただ、これまでは会社という枠組みがあり、誠実さ、実直さも評価されました。もちろんひとり社長でもそうで、嘘は絶対にいけません。

ですが、あなたがある程度成功しているという風に見せておかなければ、そもそも受注は取れませんし、あなたのやりたいこともできません。

難しいと感じるかもしれませんが、それが真実なのです。

そこで自己演出をすることをおすすめします。

例えば、クライアントから「早速お打合せをしたいのですが、スケジュールの都合を教えて下さい」と言われたら、必ず手帳を開けて「少しお待ち下さいね…」と答えます。実際にスケジュールがかなり空いていても少し悩みながら手帳をめくってみて下さい。ちょっとしたことですが、こういった小技の積み重ねがあなたのイメージを作り出します。

それからこんな風に答えてみましょう。

「今週ですと…金曜日、来週だと月曜の午後、火曜の午前でしたら時間をつくれます…」こう言うことでクライアントが「この人は売れっ子だな」（だから依頼して大丈夫だろう）と思う可能性は高まるでしょう。

実際にこれはとある有名コンサルタントが駆け出しの頃やっていた手法です。

また、ある有名シュークリーム店では「行列ができるように、わざと遅めにクリームを詰めること」とマニュアルに書いてあるという噂があるくらいです。

お客の行列はにぎわっている証明になります。

その様子を見て、次から次にお客が入ってきます。

このコンサルタント版を試してみて下さい。

にぎわっている店に行く、仕事の多い人に頼む、どちらも同じ顧客心理です。

ですから、今日から自分の見せ方も磨いていきましょう。

アパレルショップに行ったら、自分がスマートに見えるためのジャケット・スーツを店員さんに相談してみて下さい。

ショップの店員さんはたくさんの情報を持っています。あなたを演出するために無料でコンサルをしてくれます。

そして、いくつかの店を見たうえで選んだアパレルショップは何が良かったのかも研究してみて下さい。

きっと自分のコンサルのヒント、そして、見せ方の向上につながるでしょう。

ネット全盛の時代ですが、ビジネスのヒントはリアルな場に落ちています。

ネットでは、「情報を発信する側」に徹する

ここでは、そもそもＳＮＳを発信するとはどういうことなのか書いていきます。

ＳＮＳをひとり社長として、コンサルタントとして発信する時に気をつけたいのは「自分は世間に情報を発信する側にまわる」ということです。

ＳＮＳは双方向が売りのコミュニケーションですが、それは情報の受け手・送り手がいるということです。「ひとり社長」としてブランディングするのであれば、あなたは情報の発信側にまわり、世の中に価値を提供していかなくてはいけないのです。

とにかくフォロワーを増やそうと考えてしまうと、自分のブランディングとは逆のものになってしまうので、気をつけて下さい。

コツは話題になっているトピックと自分の専門分野を結びつけることです。

例えば選挙が近づいているとしましょう。
あなたが税理士である場合、「この立候補者の主張だと減税になるのか、増税になるのか、増税になる場合どういった対策をすれば良いのか」などといった記事が書けるでしょう。

時事問題と絡めることで、読者はあなたの記事に積極的に目を通します。そして、価値を感じた読者はその記事をシェアしてくれるかもしれません。ただ、毎日長文の分量を書くのはきついでしょう。短文でも構いません。
あなたが教える側にまわり、提供できる価値が何なのか、よく考えたうえで投稿をしていきましょう。

時には依頼を断れ！　イヤな客とは付き合うな！

「年収650万円をまず得なくては…」と焦ってしまうと、どんなクライアントとも付き合おうとしてしまいます。

しかし、月2件高単価の依頼をもらえれば、達成できる年収が６５０万円。ですから、落ち着いて考えましょう。

コンサルタントはノウハウを教え、クライアントの実績を上げるのが仕事です。なので素直に聞く耳を持つ人と仕事をすると実績は出しやすいですが、そうでないクライアントだと結果が出ず、悪評が立つ、というリスクもある訳です。

つまり、クライアントを選ぶということが実はひとり社長のコンサルタントとしてとても大切なことなのです。

私が提唱するのは年収６５０万円。いきなり数千万円を狙いにいくと、顧客を選り好みすることなどできませんが、６５０万円程度なら理想的なクライアントを選んで仕事をすることが可能です。

私の経験上最初から、ディスカウントを要求してくる客とは仕事をしない方が良いです。

先にお話しした価格表を提示してこの金額以下は受けません、と伝えましょう。

絶対に受けたくない相手であれば通常の2～3倍の金額を提示して、向こうから断ってもらう理由をつくりましょう。そうすると角が立ちません。

自信を持って伝えることで相手の態度も変わってきます。

何かの悩みごとがあってクライアントはあなたに仕事を頼もうとしています。自信のある立ち居振る舞いをすることで「この人に頼めば間違いない」という考えに変化することだってあるかもしれません。

また、私も経験があるのですが、友人から「タダで教えて…」という依頼も稀にあります。

常識的に考えたら、断るべき案件ですが、言い方を間違えると関係にひびが入ってしまうのも事実。

このようなケースに対して、原則をつくっておきましょう。

「友人からはお金を受け取らない」「友人はクライアントにしてはいけない」という原

則です。なるべく上手くお断りをして、あなたのワークスタイルの障害にならないようにして下さい。

ただ、何度も頼まれることもあるかもしれません。

その場合には、「今回は特別に無料でコンサルする代わりに、同じような悩みで困っている人がいたら紹介して」と話してみましょう。

そうすることで友人も集客に貢献してくれるかもしれません。

しかしあまり親しくない知人の場合にはビジネスライクに「正式な依頼であれば受けられるよ」と伝えましょう。

いずれにせよ、プロのコンサルタントであるからにはお金をもらうべきです。

5
章

巧みな話術で、いちげんさんを常連客に！

- 分かりやすさが大切！　何事も結論ファーストを意識しよう
- 成功事例・失敗事例を分かりやすく伝えよう
- 宿題の数は3つまで
- 知識のアピールはしない

「結論ファースト」で伝えることが大前提

コンサルの現場では「結論ファースト」を心がけて下さい。

結論を先、理由は後。

「まずこれをして下さい。理由は○○だからです…」

などのようにどう行動すれば良いかをクリアに示すのです。

前提として、クライアントは自分のビジネスが上手くいっていないからあなたに相談に来ているのです。

そして、どう行動すれば良いのかを知りたがっています。

これにストレートに効くのが「結論ファースト」。

結論さえ分かれば、その後の話が多少長くても、聞いてくれます。

また、ビジネス全般にわたって結論ファーストは使えます。

人脈形成のために、異業種交流会などで知り合った方々とビジネスの話をすることもあるでしょう。

その際にも結論ファーストで話すことを徹底していると、「仕事ができる人」という印象を与えることができます。

あえて、「誰でも知っている話」を口にする意味

人間は話すことは好きですが、他人の話を聞き続けることを好みません。

さらに自分になじみの無いことばかりを聞いていると、堪えられないものです。

ですから、まずは相手がしっかりと理解のできる話を織り交ぜながら、そのクライアントが知らないであろうノウハウを伝えていくことを心がけて下さい。

コンサルの現場で話をする場合、**相手が知っている話50％、相手が知らない話50％の割合で話をすすめていくとスムーズでしょう。**

これを私は「**知っていること50％、知らないこと50％の法則**」と呼んでいます。

分かりやすく言うとクライアントが知っていることと知らないことを織り交ぜながら話すのです。一般常識から話を始めると、クライアントも「これよくありますよね」とうなずいてくれます。

そこに今まで知らなかったノウハウが加わっていく訳ですから、その後は積極的に話を聞いてくれるのです。

事例！ 事例！ 事例！ とにかく事例

コンサルの現場では分かりやすさが重要です。
それではどのような伝え方が望ましいのでしょうか？
秘訣は「事例」にあります。
多くの事例さえ用意しておけば、事細かに理論を説明する必要はありません。

あなたが店舗集客型コンサルタントで「うちのスーパーにお客様を呼ぶためには、どうしたら良いでしょうか？」と相談を受けたとしましょう。

ここで経営学の難しい理論を持ち出しても相手は理解できません。それにコンサルを依頼する人はビジネスを動かしている人。いつも忙しいはずです。

ですから、**成功例と失敗例を伝えて下さい。**

「ある繁盛店はこういうＰＯＰをつけていました」

「実は新聞の折り込みチラシは今でも効果が高いです。年配の方はこういった時代でも店舗で野菜や日用品を買ってくれます」

「逆に○○という手法だと、成果が芳しくなかったようです」


事例を並べましたが、これだけでもクライアントの進むべき道はハッキリしました。

そして、こういった事例集めは最近はネットニュースなどでも手軽にできます。

また、安い月額費を払えばコンサルとして知っておかなければならない情報をたくさん配信してくれるオンライン媒体も増えてきました。


様々なメディアがありますが、知っておくと良い媒体を記載します。

「東洋経済オンライン」「ダイヤモンドオンライン」「スマートニュース」ビジネス書要約サイト「フライヤー」後はヤフーニュースでカテゴリ別にニュースを見たりすることである程度コンサルとしての知識を仕入れることができます。

また、日経新聞を定期購読し、ある程度目を通しておくといいでしょう。

事例集めはやればやるだけ信頼度が高まります。そして、成功パターンも分かってきます。

例えば、焼き鳥店をコンサルするなら、繁盛している焼き鳥店を１００店ほど調査します。そして、それぞれの店がしていた工夫をまとめるのです。

「え？　それだけ？」と考えるかもしれませんが、ライバルのお店を１００件も調べてくれるというのは、価値あるものなのです。

媒体からの資料集め、そして、街に出て実際に調査対象を確認する。こういったことを徹底してやっていきましょう。

有名人の権威を最大限に活用（ハロー効果）

先ほど出てきた事例の大切さは優秀なコンサルタントであれば誰でも知っています。有名なシンクタンク（専門家を集めた研究機関）のコンサルタントも、事例の重要性を叩き込まれています。

ですから、あらゆる業種の繁盛店の事例を集めています。

そして、事例を知っているからこそコンサル料も高く設定できるのです。

ここまでの話を聞いてあなたはこう考えましたか？

「そうか有名シンクタンクのコンサルタントも事例集めを積極的にやっているのなら、自分もやってみよう！」

単純に「事例が大切」と言われるよりは、「有名シンクタンク」という言葉を出したことでよりやる気が高まったのではないかと思います。

これは心理学におけるハロー効果（後光効果、光背効果）です。

有名人や有名企業を引き合いに出すと、「あの人が言うなら正しい」「あの企業がやっているなら効果がある」と多くの人は思います。

テレビのグルメ番組に美味しい店が登場する時も「有名芸能人がお忍びで来る店」とか「ガイドブック人気ナンバーワン」というような紹介をする時があると思います。

そうした「権威」を使うことで視聴者の反応も変わってきます。

また、書店でも「○○氏推薦！」などのような有名人のお墨付きを装丁にデザインしている本を見かけることがあるかと思います。

権威づけすることで、読者に「すごい本なのかも」と思わせ購入してもらうというスキームなのでしょう。

ですからあなたも事例を紹介する時、ハロー効果を活用して下さい。

同じ方法も「○○というお店がやっていた手法」というよりも「○○という年商数千億円のチェーンがやっていた店舗運営方法」と具体的にそして、誰が・どこがやっていたケースなのかを語りましょう。

1回のコンサルで、教えるポイントは3つまで、同じ話を3回しろ

起業して、最初の頃あなたはクライアントのためにノウハウをたくさん教えようと必死になるでしょう。

しかし、人間は10個も20個も大切なことを覚えられませんし、おそらく実践するのをやめてしまうはずです。

ですから、１回に教えることは３つまでとし、分かりやすく、どう行動すれば良いかを教えていきましょう。

あくまで最大３つなので、１回に１つ、２つでもいいのです。

また、同じ話を３回することで、相手の理解が深まります。

１回目で「ふーん」と思わせる
２回目で「フムフム」と定着させる
３回目で「なるほど」としっかり理解してもらう

コンサルタントをしていて実感するのはやはり、人は話を聞くのが苦手な生き物だということ。重要な話でも繰り返しをしないと理解してもらえません。

だからこそ表現を変えて、同じ話を３回するのです。

このプロセスでは、「たとえ話」がカギとなります。

たとえ話は事例と同様、聞く側の理解を深めます。

また、少し前に話したことと違ったように聞こえれば新鮮に聞こえるもの。

「自分が言いたいこと２割、たとえ話６割、自分が言いたいこと２割」という配分が相手に刺さる話し方です。


結論ファースト↓たとえ話↓もう一度結論を言ってダメ押し

こうした話し方をマスターしていきましょう。

クライアントは、やればできる！　褒めて伸ばせ

クライアントに３つのことを教えたら、次回までに行動してもらいます。

常に「宿題」を与えて下さい。

宿題の数が3つまでならクライアントはしっかりと取り組めます。
しかし、課題が多すぎると、クライアントは途中で投げ出してしまうかもしれません。

そして、宿題をフィードバックする時は「**良いことファースト**」を心がけて下さい。

良いところを褒めてから、直すべきことを伝えるのです。

「早速行動していただき本当にありがとうございます。お忙しい中、素晴らしいです。
そして、さらにこういったところを改善していただけたら、ほぼ完璧です」

いいことを褒められると高揚感が増します。
その後に指摘を受けてもすんなり受け入れられるのです。

コンサルの現場では、クライアントがやる気になるように、上手く誘導することです。
アドバイスをする時も次のように伝えます。

「不景気の中、素晴らしい実績ですね！　売上を上げているなんて」

クライアントの良いところを見つけて伝えることで、前向きになれます。これが、「そんなことだから利益が伸びないんですよ」と話してしまうと、ただやる気を失ってしまうだけです。

特に、業界外の人にマイナスな指摘を受けると「何も知らないのに…」などと思われてしまいますし、「お金を払ってなぜこのようなことまで言われなくてはならないのだ」と反発されることもあるかもしれません。

コンサルは学校の授業のように義務として受けなくてはならないものではありません。いつだって、「この人にはついていけない」と、同業他社に切り替えられてしまうのです。

さらに言うと、「コンサルタントはだめだ」という判断をされ、同業者や、コンサルタント業界そのものも悪く思われてしまうかもしれません。

そうならないためにも、まずはクライアントの成果を褒める、良いところを見つけるということに注力して下さい。

知識のアピールで、得られるのは自己満足だけ

これも意外とあるようなのですが、現場で相手の無知をけなしてしまうコンサルタントがいるようです。

これは相手の自尊心を大きく傷つけてしまう行為ですので、絶対にやめましょう。


少し気をつけてほしい言い方もあります。

「こういう方法があることを知っていますか？」というような聞き方です。

この言い方は捉えられ方次第では「あなたは知らないかもしれませんが、こういういい方法があるということを私は知っています」と解釈されてしまう可能性があります。


ですから、「こういう方法がありますよね」という言い方に切り替えて下さい。


クライアントが分かっていれば、うなずいてくるでしょう。

まったく知らなければ、「どういうことですか？」と質問が返ってきます。

いずれにしても、反発されることなく、アドバイスを与えることができます。

名将・故野村克也さんは楽天イーグルス時代、選手に染みついた負け犬根性を拭い去るために、次のように言い続けたといいます。

「このチームで一番勝ちたいと思っているのは俺だ」

ＩＤ野球と言われた野村さんですら、人を動かす時には感情に訴えたのです。あなたも人の感情を考えてみて下さい。

ビジネスを優先せず、次のようなメッセージで伝えて下さい。

「私はあなた自身よりもあなたに成功してほしいと本気で思っています」

口に出すだけでなく、行動にも移しましょう。明日からクライアントもあなたも生き方が変わります。

「やるメリット＋やらないデメリット」を説明

稀に熱い言葉で訴えかけても、一向に動いてくれないクライアントもいます。それはあなたのことが嫌いな訳でも、あなたを頼りなく思っているからでもありません。

単純に目の前の仕事が忙しいのです。

将来に目を向けたくてもその時間もないのかもしれません。

ただ、あなたに相談をしてきたということは漠然とした不安を覚えているのでしょう。


このようなクライアントに行動を促すちょっとしたコツがあります。

多くのコンサルタントはアドバイスを送る時、次のように言います。

「このルールを守れば、上手く行きます」

この言い方は「メリット」を強調しています。クライアントの目の前に「上手くいく」という人参をぶら下げています。

しかし、この言い方でも動いてもらえない時は、次のように話して下さい。


「このルールを守らなければ、１年後売上が○○％下がる可能性があります」

これはデメリットを強調しています。

シビアな言い方になりますが、今は外部環境がドラスティックに変わる時代。早く対応してもらわないと、本当に手遅れになるケースも多いのです。

まとめると、人間の動く原動力は「将来への期待」「将来への不安」の２点です。

このうち、**より即効性があるのが、将来への不安です。**

子供に善・悪を伝える時も、「正直者は幸せものになれる」というよりも、「うそつきは泥棒になる」と伝える方がインパクトが強いです。

繰り返しますが、コンサルタントは大人を動かす仕事です。時には心を鬼にして、結果を出してもらうべく、不安感もあおりながら、提案をしていきましょう。

6 章

稼げるひとり社長の勉強法

- 真似ることが最高の勉強
- 仕事の成果に直結する勉強を重点的に
- 本はメモだらけにしよう
- 伝える技術は超重要！　専門用語はすべて分かりやすい言葉に言い換える訓練をしよう

「現場で役立つ知識」だけを学べば十分

ひとり社長やコンサルタントの仕入れは少なくてすむとお話ししてきました。また、在庫を抱えるビジネスではないということも伝えてきました。

しかし、唯一大事にしてほしい仕入れが、専門家としての知識やノウハウです。悩みを抱えるクライアントに自分が仕入れて体系立てた知識やノウハウで問題解決するのが、コンサルタントの仕事だからです。

ですから、価値の高い知識・ノウハウを積極的に仕入れていきましょう。

私はセミナー・研修講師として、「スピーチ力」「プレゼン力」「立ち居振る舞いなどの見せ方」「セルフブランディング」などを最優先で勉強しました。

また出版コンサルタントとして出版業界のこともインプットしますが、その中では売れている本の販売の仕組みなども研究しています。どうすればスクール生の本や、私が出版した本が売れていくのか、知る必要があるからです。

ただ世間一般で大切と言われている「英語」の勉強などはまったくしていません。出版コンサルタントをするにあたって英語を使う機会が無いからです。

外国のマーケットが今より開かれ、そこに入り込みリターンを得たほうがスクール生や私、出版社の利益になるのであればそうしますが、現在のところ、海外に行って売り込んだりする機会を必要としていないのです。

英語を学ぶ時間があったら、出版業界のニュースをチェックしたり、プレゼンや話し方を磨いた方が、クライアントのためになります。

世の中には仕事に必要の無い資格を勉強して取ろうとする人が結構います。

「勉強しておけば、いつか役に立つかも」「これを取れたら仕事が受注できるかも」という発想が根底にあるのでしょうが、それでは、いつまでたっても自分が目指している分野のひとり社長、コンサルタントになることはできません。

ビジネスに直結しない資格に時間を割いても無意味なのです。

本を読むにしても、セミナーを受けるにしても、「この知識はクライアントにとってどのような意味があるのか？」を考えて下さい。

それが思い浮かばないのであれば、今は勉強する必要が無いということです。

コンサルタントは基本的に専門分野を教える職業ですから、その専門ジャンルで突出したノウハウを学べば良いのです。

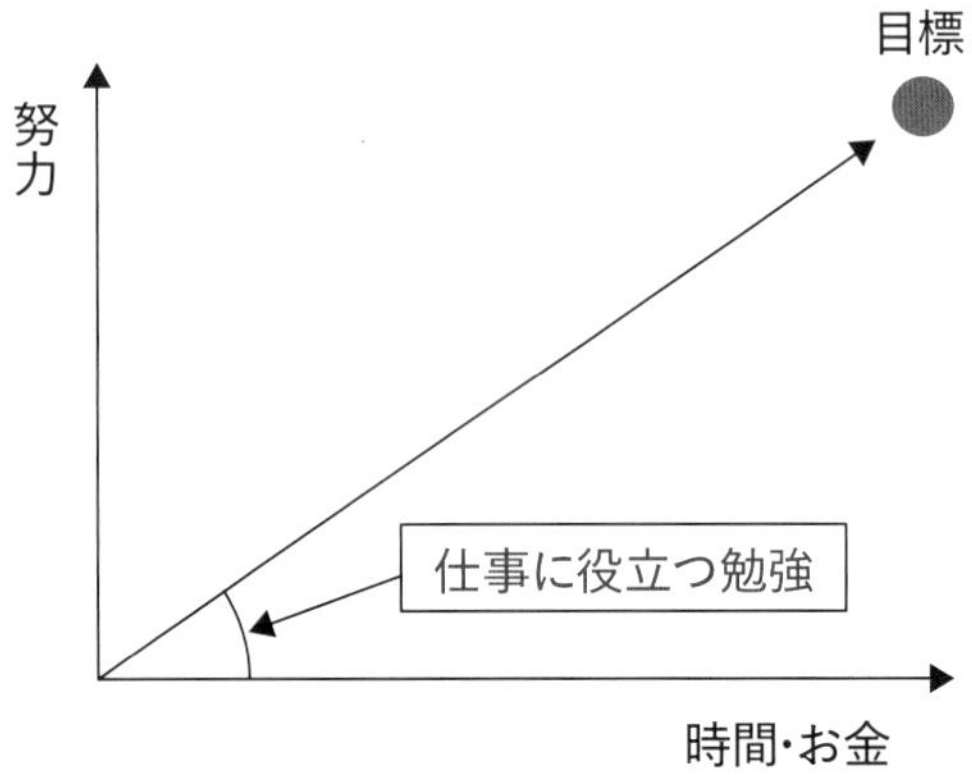

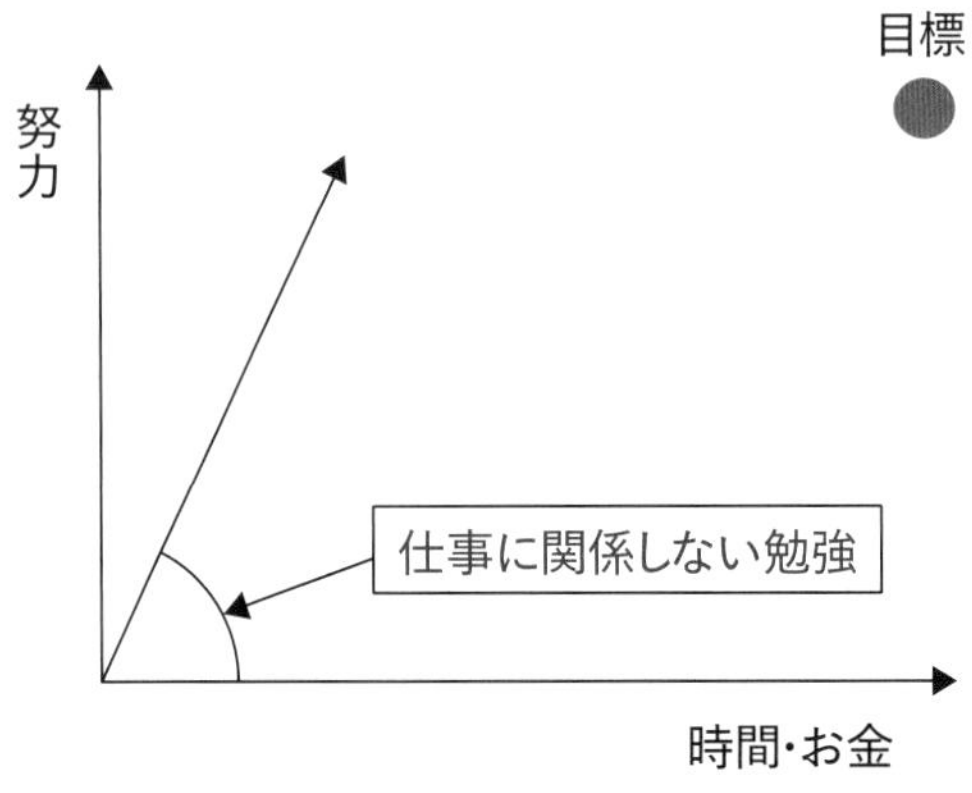

新しいことを学びたければ、他人を真似ろ

コンサルタントは、オリジナルのコンテンツのみを教えなくてはいけない訳ではありません。

ゼロから何かを生み出せるのは一部の天才だけです。

世の中のコンサルタントの大半も独自のコンテンツを持っている訳ではありません。

オリジナリティにこだわっていたら時間を浪費してしまいます。

プロらしい知識やノウハウは「真似る」ところから始まるのです。

今の時代はあらゆる情報が飛び交っています。

次々に新しいものを生み出して世の中に発信し続けるのは、至難の業。

ブームを起こしているものも既存のものに何かを掛け合わせたものだったり、少し視点を変えたものだったりするのです。

例えば、少し前になりますが、ＡＫＢ48。ファンによる「総選挙」などで、推しのメ

ンバーを選出するなど、当時、新しいアイドルグループとして世間では認識されていましたが、あれはその前にブームをつくっていたアイドルグループ・モーニング娘。のテレビで行われていたオーディションをファン投票に置き換えたものだったのではないかと私は考えています。

そういう意味では既存のビジネスに何かを足したり、ブームになっている手法を掛け合わせたりすることで、大きなビジネスを創出できるのが分かるのではないでしょうか？

さらに言うとモーニング娘。も昭和のアイドル、「おニャン子クラブ（メンバーが増減するアイドルグループ）＋スター誕生！（テレビ番組によるオーディション）」だったと分析できます。

こうしてみると、既存の知識やノウハウを掛け合わせて、新しいアイデアは生まれているのですね。

最後にお伝えしたいのが、学ぶの語源。これは「真似ぶ」と言われています。

多くの人が「真似」はいけないと思っていますが、まずは真似ることから本質を学んでいけばいいのです。

良質なコンテンツを生み出す「FTTP」の極意

真似ることへの抵抗がなくなれば、様々なものがヒントになります。

まず電車の中刷り広告。中刷り広告にはプロが書いた商品の特徴や魅力を伝えるキャッチコピーがたくさんあります。


これらのコピーはビジネス文書に転用できるかもしれません。


「中刷り広告の文章を、自分の肩書やセールスレター、ホームページやブログ、メルマガやSNSなどに応用できないか？」

そのような視点を持っていれば、電車の移動中でもインプットができます。

街を歩いたり、人と会ったりする時でさえ、私は「何かヒントは無いか」「真似られることは無いか？」を考えています。

結果、新しいノウハウや知識がどんどん増えていくのです。

ただし、そのままコピーというのはいけません。

あなたがコンサルタントになって私のノウハウをそのままコピーした場合は「松尾昭仁」のマネでしかないのです。

プロフェッショナルは真似る時もプロフェッショナルでなくてはなりません。クライアントを魅了するような模倣をしましょう。

そこで求められるのが、「ＦＴＴＰ」です。

あらゆることを「**複合的に（Ｆ）徹底的に（ＴＴ）、パクる（Ｐ）**」のです。

高級ホテルに行ったら「なぜ金額が高くてもお客様がくるのか」探る。

人気レストランに行ったら「なぜ繁盛しているのか」探る。

ディズニーランドに行ったら「どうしてこんなに楽しいのか」探る。

そうして考え抜いたその答えを複合的に組み合わせて、「高価格でも多くのお客様に指示されるコンサル手法」に落とし込むのです。

こういう掛け合わせ、組み合わせができたら、それはあなたのオリジナルコンテンツ。特定の人の手法だけを真似たら、模倣ですが、いろいろな方法を組み合わせれば、十分にオリジナル。

本を読む時も1つだけではなく複数の本からビジネスの種・手法を学んでいきましょう。

そしてヒントを見つけたら、アレンジします。

おすすめはページの脇にそれを書いておくこと。

暗記するために本を読んではだめです。

FTTPするために読むのですから。

本はメモだらけにしたっていいのです。

「伝える技術」が、自然とマスターできる読書術

コンサルタントには難しい専門用語、カタカナ用語をたくさん使う職業というイメージをよく持たれがちです。

たしかに一部のコンサルタントにはそういった人もいます。

本を読めばそういった交渉術があるのも分かると思います。

用語名はさておき、そういったやり方の目的は得てして「専門用語や難しい手法を紹介して」クライアントをけむに巻いて、よく分からないけれどすごい！　と思わせて高額料金の根拠にしたり、コンサルを受注するきっかけをつくったりすることにあるようです。

しかし今はＳＮＳなどもあり、悪いやり方をすれば、すぐに本物か偽物かが、ばれてしまいます。

ですから、とにかく、クライアントに分かりやすく、成果のだしやすいものを提供しましょう。**この観点から考えると、特に個人にコンサルする時には専門用語を出してはいけません。**

法人と違って、自分でお金を出してきているクライアントですから、成果にはシビアです。理解できない話ばかりする人にはお金を払おうとは思わないでしょう。ですから、分かりやすく伝える技術がコンサルタントには必要なのです。

数多くのベストセラーを出版し、テレビでも活躍中の池上彰さんは、NHK時代に「週刊こどもニュース」の解説をしていました。

この番組は子供向けのニュース番組でしたが、その分かりやすさが評判となり、大人からも支持されました。

フリーになってからの人気番組「池上彰の学べるニュース」の原点とも言えるでしょう。書店でも『14歳からの◯◯』といったタイトルの本が売れていることがありますが、こちらも子供が購入しているだけでなく、分かりやすく書かれた本を買いたい大人からも支持されているようです。

これらのことからも分かるように、クライアントには、小学生や中学生でも分かるくらいにかみ砕いて伝えることが必要で、これが意外と難しいのです。

ですから、伝える技術を学ぶことは必須のスキルです。

こうした技術を一番に身に付ける術が読書です。難しい専門用語が出てきたら調べて分かりやすい言葉に言い換える、日本語を日本語に翻訳する技術です。いい表現が出てきたら、商談で使ってみる、これらを繰り返していくことで分かりやすく伝える手法が身に付いていくのです。

「100人の前でしゃべれるチャンス」を逃すな

私が、コンサルタントとして、スピーチ力、プレゼン力を常に意識していることはすでに書いてきました。

しかしどうやったらそれらは身に付くのでしょう。もちろん読書やセミナーでのインプットは必要です。ただ、それだけだと商談やプレゼンで緊張してしまったり、相手に伝える力強さは身に付かないでしょう。

当たり前と言えば当たり前なのですが、人前で話す機会を得ることでしかそういった能力を身に付けることはできないのです。

私の知り合いの編集者に飲み会で乾杯の音頭を頼んだのですが「松尾さん、この時って何て言えばいいのですか？」と尋ねられました。その時彼に「皆様のご健勝、ご活躍を祈念いたしまして、乾杯！」と教えました。

彼は緊張していましたが、会が開かれた主旨・参加者へのお祝いなどを話した後、私が伝えたフレーズを言って、乾杯となりました。

こういった機会を経験することで、小さな成功体験を積み重ねていきましょう。コンサルタントになると決めたあなたは、自ら積極的にスピーチなどを引き受け、やってみるべきです。結婚式の披露宴、会社の朝の朝礼、打合せの仕切りなど身近にそういった機会はたくさんあります。

場数を踏んでいくことで、伝え方をマスターしていけますし、緊張もだんだんとしなくなります。

コツはいきなり大勢の前で話すこと。よく「少人数の前で話して慣れてきたら、大勢の前で」という考えを持つ方もいますが、逆です。

いきなり大勢の前で話してしまえば、20人、30人の会合でもスムーズに話をすることができます。

ですから、大勢の前で話せるのはラッキー！　と思ってチャレンジしてみて下さい。

また、話す直前に内容を考える人が多いのですが、これは話しながら言いたいことを考える「アドリブ対応」となり、上級テクニックです。

やはりスピーチすることが決まったのであれば、事前に3つくらいパターンを考えておきましょう。そして、話す内容を会合にあわせて変えていくことで、落ち着いて話せるようになります。

上手い文章はいらない！　分かる文章だけでいい

ビジネスで成功するためには「文章力」が必要です。

特にコンサルタントやひとり社長は、文章力が求められる職業です。

資料や報告書の文書作成が多いのもありますが、人を魅了するような文章が書けないと、自分の価値は高められません。

ホームページ、SNS、ビジネスレター、メルマガ、ブログなど自分ブランドをつくるプロセスでは、いろいろな形で文章を発表します。

もちろんプロのライターに頼んで作成していただくこともできますが、まずはあなたの言葉で発信することが大切です。

またライターを選ぶのも実は大変です。書いてほしい内容を一致させるためにミーティングを重ねたりしますが、相性が合わないと、結局、自分がすべて書き直すことにもなるのです。

そして、セルフブランドを高めるために、本を出版する際にも、文章力は生きてきます。

私は起業当初に毎日ブログを書いていました。日々情報を発信していたため、文章を書くことに慣れていたのが後に本当に役立ちました。

ですから、出版社から原稿を依頼された時にも自信を持って執筆できたのです。もしあの時ブログを毎日書いていなかったら今の私はいなかったと思います。

勘違いしてはいけないのは、小説家のような上手い文章を書く必要は無いということです。「明日、このノウハウを実践しよう！」と思えるような分かりやすい文章を書けば良いのです。

そしてひとり社長、コンサルタントの私達が身に付けるべき文章力に必要なのは、「書く力」と「ネタを見つける力」です。

その意味でも、ブログやＳＮＳ、メルマガを書き続けるのは、いい訓練になるでしょう。

コンサルの現場こそ、あなたの最高の勉強場所

コンサルタントにとって最高の勉強場所は「コンサルの現場」です。

どうすればクライアントの力になれるのか……。

試行錯誤を重ねることこそが、あなたの才能を引き出します。

クライアントに分かりやすく教え、それを実践してもらったら感謝し、褒める。そして次の課題を設定し、モチベーション高く臨んでもらう。この良いサイクルがあなたの新しい事例になるのです。


コンサルタントにとっては事例が命。

現場は事例集めのためといっても過言ではありません。


またセミナー後にアンケートを書いてもらうという手法もあります。

「どこが良かったのか？」「どこが悪かったのか？」

参加者に書いてもらいましょう。


そこで得られた生の声は今後の活動に必ず生きてきます。

普通は勉強のために、セミナーに通ったり、講座を受けたりして、お金を払って勉強をしますが、コンサルはお金をもらって現場で勉強できるのです。

そして、こういったナレッジ・ノウハウを集めていけるコンサル業務を通じてあなたのひとり社長としてのステータス・人脈・ビジネスの複線化も高まっていくでしょう。

あまり考えたくないですが、あなたのアドバイスが間違っていて、クライアントの実績を上げられない時もあるでしょう。

それも生きた経験になりますし、失敗から学ぶことはたくさんあるはずです。失敗例をしっていることはやってはいけない事例を持っているということ。

それらを排除することで、よりクライアントが成功にいたる可能性も上がるのです。

7

章

私達はこうしてひとり社長になって、年収650万円を超えた!

好きで得意な数学を生かしてコンサル起業に成功

鈴木伸介（すずきしんすけ）

１９７９年奈良県生まれ。早稲田大学理工学部卒業。医学部受験専門数学マンツーマン指導Ｆｏｃｕｓ代表講師。株式会社数字アカデミー代表取締役。これまで４００名を超える生徒に数学個別指導を行い、受験生本人が気づかない思考の「くせ」に着目した独自の学習メソッドにより、多数の医学部合格者を輩出している。また大学受験生だけに留まらず、社会人を対象に統計学・経済学・ビジネス数学などの講師を務めるほか、数学コミュニティも主催する。敬遠されがちな数学を「楽しむ」活動の普及に尽力している。YouTubeチャンネル「すずき先生／医学部受験数学」運営。２０１９年２月『もう一度解いてみる 入試数学』（すばる舎）出版。

私は早稲田大学理工学部応用物理学科を卒業後、学習塾の会社に就職し2年半勤め、人事と社長秘書をやっておりました。

その後転職し、将来独立を考えていたので、営業スキルを身に付けようと、生命保険会社に転職し、営業職を2年間行いました。さらに中小企業診断士の資格を取得。それにより、起業を決意しました。

コンサルタントとして独立する際、中小企業診断士を取得するために通っていた専門学校で講師業（業務委託契約）を勤めました。

それが起業して初めての仕事の受注でした。

ただ、私は大学で学んだ数学がずっと好きで、それを独立して教えることをしてみたいと考えるようになっていました。

そんな折、人生を変えるために松尾先生が主催するビジネス業者養成スクールに入って、本を出そうと考えました。

そこで私の強みである「数学」にスポットライトを当てていただいたことがきっかけで、『もう一度解いてみる　入試数学』（すばる舎）を出版できたのです。

コンサルティング内容もそれに合わせて変えました。

医学部の受験のために数学を教える講師として会社も立ち上げました。

そして、案件の獲得などに出版自体がとても役立ったのです。

教育というジャンルはコンテンツの差がプロフィールや実績からだけでは分かりづら

い。

実際授業を受けてみなければその内容の良しあしが分からないので、知名度が無いとかなり案件の受注が厳しいのですが、出版できたおかげで、「本を出しているその道の専門家」と見られるようになりました。

収入も、出版前と比べると3〜4倍になりました。

▽起業して良かったことは？

やはり、自分の裁量で何でもできるということが、ストレスフリーの状態を作り出しています。会社員時代に比べても9割近くストレスは減りました。

そうはいっても常に仕事が無いといけないという不安に駆られる時ももちろんあります。安定収入のある会社員と比べるとそこが厳しいところではありますが、自分が培ってきた強みがどのようにクライアントに求められているか考えておけば、仕事を取ることも、そこからビジネスを発展させていくこともできると思います。

不動産企業の取締役から ひとり社長の不動産コンサルタントに

前田浩司（まえだこうじ）

マンション販売会社の元取締役営業部長。不動産コンサルタント。株式会社ラソ・トラスト代表取締役。１９６７年生まれ。兵庫県出身。大阪体育大学、硬式野球部出身（投手・エース・主将）。大学卒業後、大手マンション販売会社の創業メンバーとして参画。会社の上場を機に取締役営業部長に昇格。同社を退社。２０１５年に株式会社ラソ・トラストを設立。２０１９年2月『元営業部長だから知っている不動産投資 騙しの手口』出版。

私は１９８９年に大手不動産会社に入社しました。出身の大阪体育大学では体育会の野球部に所属し、エースピッチャーで主将を務めていました。その体力・メンタルともに買われ営業職につきました。

しかし、バブル崩壊の影響をもろに受け、業績が悪化。不動産も売れなくなり、当時の会社でお世話になっていた上司が創業したベンチャーの不動産会社に転職しました。そこは7年かけて大阪証券取引所２部に上場。

私も取締役になりました。

しかし、リーマンショックが引き金となり、そこも業績が悪化。

二度の不況にみまわれたこともあり、自身で創業を決意するようになりました。

2015年に前職を退職し、その半年後に起業。

不動産会社の営業代行やデベロッパーの営業補助、販売指導コンサルティングなどオールラウンドにこなす事業を行っています。

▽起業当初は元の会社の同僚や取引先の方から仕事を受注

年収はもちろんゼロからのスタートでした。

しかし、在職した会社でしっかりと結果を残していたこともあり、元の会社の同僚や取引先の方々から仕事を受注できました。

ただ、やはり上場企業の取締役だったこともあって、その年収を取り戻すまでに約2年かかりました。

その間私がやったことは、目の前の仕事に向き合うこと。そして、ビジネスの拡大発展のきっかけをつくるべく、出版の準備をしたことでした。


まず仕事のほうですが、様々な事業を手がけてきておりましたが、私が不動産業界の仕事の中でも最も熱意を持ってやりたかった事業に注力をしました。

それは、売れない不動産を購入し、出口戦略を描けず悩んでいるクライアントをフォローアップし、売った業者に買い取ってもらうスキームです。

リーマンショックなどのあおりを受けた不動産業界は、売れない物件を数多く抱えていました。

それを情報弱者のお客様に半ば強引に売りつけていたのです。

目の前で悩んでいる人たちを私は放っておけませんでしたし、会社員時代から起業にいたるまで「クライアントの信頼に応える仕事をすること」をモットーに働いていたので、この問題を解決したかったのです。

このような仕事が評価され、少しずつお客様がお客様を紹介して下さるようになり、仕事も軌道に乗り出しました。

また、こういった事例を積み上げて、出版のコンテンツができたのです。

そうして、出版した本が『不動産投資　騙しの手口』（秀和システム）です。

情報の格差を使って不動産会社はお客様に不利益な不動産を購入させる、その話し方やテクニックを公開し、これ以上騙される人がいなくなれば、という思いで執筆しました。

出版後、多くの人から連絡・問い合わせをいただき、私もより一層仕事に邁進をし、年収を上げることができました。

また、取引先の方々にも名刺代わりに本をお配りしたり、問い合わせをいただいたお客様にも本をプレゼントして、私の考え方・ノウハウを共有することができたため、一層ビジネスが加速しました。

▽ひとり起業をして、良かったことは？

まず一つ目は、自分で自分の時間がつくれることです。

しっかり仕事をしてお客様と信頼関係を築かなくてはならないプレッシャーはありますが、その分頑張れば頑張るほどインセンティブが入るため、良いサイクルができています。

▽起業を目指す人に

独立の準備についてですが、会社に在籍している時に目の前の仕事をきっちりとやる、これにつきます。そうすることで、お客様も会社の同僚・上司もあなたの働きを評価し、起業した後もバックアップをしてくれるでしょう。

ビジネスは良い時ばかりではありません。苦境に立っている時に困難を乗り越えるアドバイスをしてくれるような方々とつながっておくことも大切です。

そのためにも在籍時にしっかりと人間関係をつくる、ということを大切にして下さい。同じことの繰り返しに見える日々の仕事を丁寧に、真剣に向き合うことで必ずスキルアップしていきます。それが起業してからの最大の武器になります。

会社員時代にしっかりと力をつけ、ぜひ起業の道に進んで下さい。頑張る人を心から応援しています。

大手ジーンズショップ社員→コンサルファームで修行→コンサルタントで独立→「自走式組織®」でブレイク

吉野創（よしのはじめ）

株式会社トゥルーチームコンサルティング 代表取締役／一般社団法人 自走式組織協会 代表理事
北九州大学法学部卒業後、ジーンズメーカーEDWINで営業に従事。その後、経営コンサルファームで約300社の財務分析と管理会計の構築ノウハウを習得。マネジメント責任者、支社長などを歴任しコンサルタントの育成にも携わる。動かない人に、さらに深く関わる合宿や研修を延べ5000人へ実施。社員が自発的に動く成長ノウハウを見出し、自走式組織®メソッドを体系化。2014年「株式会社トゥルーチームコンサルティング」を設立。九州男児らしく人間味あふれる支援が強み。業績がアップするだけでなく、働く社員のやりがいと一体感のある理想の組織になったと多くの経営者から厚い信頼を受けている。
2022年3月「売上を2倍にする　指示なしで動くチームの作り方」（ぱる出版）を出版。

私は公立北九州大学を卒業した後、アパレルショップを出したいという夢を持っていたため、全国展開をしていた、ジーンズメーカーに就職しました。

お店を出して自由に働くのが夢でしたが、バブルが崩壊してそれが難しくなりました。周りの店が廃業していくのを見て、アパレルショップではなく、飲食店に目標の業態を変えて、「自分の店を持つ」という夢を追い求めることにしたのです。

ただ、そこでも資金繰りや日々の売上管理などの厳しい現実を目の当たりにし、自分の店を持つ夢を実現するため、経営を学ぶことに目標を切り替えました。

▽経営コンサルティングファームに就職・現在の原点がつくられた

経営コンサルティングファームに就職しましたが、それまで、ジーンズメーカーで働いていた経験しか無く、簿記もできない、財務諸表も読めないというゼロからのスタートでした。

ですから、本を買ってありとあらゆる経営理論を学ぶことから始めました。

やがて、経営コンサルティングファームでは支社長をやる機会まで得ました。

しかし、本で学んだ経営理論と、実際の現場とはまったく違いました。

クライアントも自分の支社の部下もなかなか上手く動かせず、結果的にクライアントの業績も上がらず、契約解除になったこともありました。

「この仕事は向いていない。辞めようか」そう思っていた時に言われた先輩からの一言が今でも忘れられません。

「吉野君、君は人と組織の壁から逃げているのではないか?」

自分もなんとなくそれが分かっていたのですが、言語化されたことで、人と組織の壁を研究して、この苦難を乗り越えようと思えるようになったのです。

そのために、経営コンサルティングとともに合宿研修の講師という2足のわらじで自分自身も人から逃げられない状況をつくりました。

さらに自分をさらけ出す自己開示を行い、相手が求めていることを傾聴して深く理解することを繰り返すうちに人が動いてくれる本当のコミュニケーションの在り方がつかめるようになっていったのです。

そして、勤めた会社のクライアントである経営者の方々に恩返しをしたいと志し、2013年に独立・起業しコンサルティング会社を創業し、今にいたります。

▽起業当初は？

しかし、当初はなかなか仕事が受注できませんでした。

旧知の仲間や経営者に仕事を紹介してもらい、なんとか食いつないでいたのです。DMやファックスなども送りましたが、当時は仕事につながらない状況でした。

それでも困っている経営者を助けたいと考えていた私は、自分が経験し積み上げてきた、「自走式組織®」をノウハウとしてまとめ商標登録しました。

これは簡単に言うと、指示なしでも社員が動く組織づくり。経営者の悩みと業績アップを同時解決する手法で、私が考案したオリジナルのノウハウです。

中小企業の社長に話を聞くと「社員自らが動いてくれない」という悩みが多かったのです。

そのことから、こうした問題は私の周りだけでなく、日本全国の課題なのではないかと考えました。

コンテンツを絞り、事業が加速

これに合わせて、メルマガ、SNSなどもすべて自走式関連に絞り、関心を持ってくれる人に訴え続けていった結果、受注案件が増え、収益が安定していきました。

２０１９年からは、コンサルタント向けに自走式組織®セミナーを行っています。さらに私の考えを世に広めるために、自走式組織®コンサルタントを養成する事業に力を注いでいったのです。

自走式組織®コンサルタントが独立して数百万円のコンサル契約を受注するまで支援した結果、ありがたいことに良い口コミも増えました。

そして２０２１年5月に、松尾先生の著者スクールに参加し『売上を2倍にする 指示なしで動くチームの作り方』（ぱる出版）という本を２０２２年3月に出版することができました。

これからも日本の組織の抱える問題を解決できる一手法として、「自走式組織®」を世に発信していきたいと思います。

▽起業家になって良かったこととは？

大きくは3点あります。

・自分の信念・志にそって生きていける
・イヤなことに時間を使わなくていい
・「笑顔のあふれる会社をつくる」に共感してくれる、仲間ができたです。

「収入の安定する会社員に戻れるなら？」と考えることもたまにありますが、自分のやりたくないことはやりたくないし、そんなことに時間を使うのはもったいないので、やはり「今」を取ります。

起業家になれて本当に良かったと実感する毎日なのですから。

▽起業したい人にエール！

私も独立当初は失敗しないか本当に怖かったです。

ただ、勇気を持って1歩踏み出して下さい。

そうすると、いろいろな人が助けてくれることに気づくと思います。そして、人のつながりのあたたかさを実感します。

1社目でつまずき、2社目の会社で仕事の楽しさを知り、和装イメージコンサルタントで起業したシンデレラストーリー

上杉恵理子（うえすぎえりこ）

マーケティング戦略コンサルタント。法政大学社会学部、一橋大学大学院社会学研究科修了後、環境創造企業株式会社エステムでの営業企画部勤務を経て、星野リゾートに入社。星野佳路代表のマーケティング志向に感銘を受け、日本各地の地域魅力を発信する観光業のミッションとマーケティングの面白さにのめり込む。東日本大震災後、業績の回復を目指していた北海道のスノーリゾート「トマム」のマーケティング部門に勤務し、トマムV字回復の一役を担う。大の着物好きで、独立後は「和装イメージコンサルタント」としても活躍。現代だからこその和装の価値を伝えるべく『和装塾～きもので魅せるもうひとりの自分～』を開設、マーケティングを武器に、顧客の指示を得ながら順調に売上を伸ばしている。２０１９年４月『弱者でも勝てるモノの売り方 お金をかけずに売上を上げるマーケティング入門』（ぱる出版）を出版。

私は一橋大学大学院を卒業後、環境ビジネス（水処理）の会社に入社しました。

社会貢献がしたかったのと、当時は水ビジネスが伸びていくだろうと考え入社したのですが、当時の会社の技術系の専門用語・考え方が理解できずついていけませんでした。議事録1本自分の力で作成できず、企画書1本通すことができずとても悔しかったです。

そして、挫折し、3年働いた後、転職をしました。

「自分の好きなものを売る仕事がしたい」と考え2社目は星野リゾートに転職をしました。

北海道のスキーリゾート、トマムのマーケティング担当になり、冬だけでなく、一年を通じてお客様にお越しいただけるリゾートへ転換し、売上を安定させることを目指しました。

夏は雲海を見たり、パウダースノーが楽しめる冬のゲレンデを体験できたりする、このリゾートを世間に広めることができ、毎日が喜びで満たされていきました。

大手旅行代理店にツアーの販促をかけたり、利用者の声を積極的に分析することでPDCAを行っていました。

また、当時星野リゾートの認知度は東京でも高くなく、そこから急激に知名度が向上し、成長していく企業の姿を見ることも嬉しかったです。

会社の成長期ということもあり、経営者である星野代表の近くで勉強させていただいたことも人生においてとても大きいできごとでした。

▽起業のきっかけ

こういった経験が私に「起業のきっかけ」を与えてくれました。

「自分が好きなものを世に広める楽しさ、やりがい」を星野リゾートが教えてくれたのです。

そして私の起業に対して背中を押してくれたことも感謝しかありません。

当時女性起業家も書籍を出版していたり、メディアに出たりしていて、ロールモデルも徐々につくられており、憧れもありました。

そこで私がこよなく愛していた「着物」を軸に起業をしようと考えたのです。

着物はもともと好きで学生時代から着ていたのですが、大切な日本の文化であるにも関わらず、街にはそれを着ている方をあまり見かけません。

留学していた時に着物をきてそれまで「アジア人」という風に見られていた私が「日本人」としてリスペクトされたのも、着物を世界にそしてまずは日本に根付かせたいと考えた一因です。

ですから、まずは「着物を着るところから」そして、「それが人生にどれだけの影響を与えるのか」を実感してもらうところからコンサルティングをしていこうと考えました。

簡単に言えばイメージコンサルタントの和装版といったところでしょうか。

ただ起業当初は受注案件が少なく、苦労しました。

呉服屋さんでの着付け教室が数千円という相場だったので、個人で着付けを教えるだけだと、とても安く仕事にはなりません。

２時間で２０００円前後で行っていましたが、それでは収益化が難しいのです。

集客はＳＮＳ、メルマガ発信にて自分をしってもらうことからスタートし、体験セミナーや個別相談、そして着物のトータルコンサルをする本講座に来ていただくためのステップをつくっていました。

それでもなかなかお客様が増えることは無く、数年間は忍耐の日々が続きました。

▽ブレイクしたきっかけは?

本を出版したことでビジネスは大きく加速しました。

出版した書籍は『弱者でも勝てるモノの売り方』（ぱる出版）です。
星野リゾートで働き真摯に取り組ませていただいた経験をもとに、星野リゾートで実践しているマーケティングの基本を分かりやすく書いた本です。
この本が導線となり、読者から連絡や問い合わせがくるようになりました。

本を書いたのはそもそも自分の事業の集客のためではなく、マーケティングの基本が分からず困っている中小企業や個人事業主に向けて出版したものであったため、和装イメージコンサルの仕事につながったことが最初は驚きでした。

年収は起業4年目まであまり伸びずに苦戦していたのが、出版したことで回復していきました。

ただ、それだけではなく、出版を契機にメンタルコーチングを受けたことで、自分に向き合えたのも良かったと考えます。
それまでの私はなんとか収益化をと焦ってしまい、おそらくそれがお客様に伝わってしまっていたのでしょう。ギブアンドテイクがビジネスの鉄則であるにも関わらず、それを忘れてしまっていたのです。

ですからそこを見つめ直し、さらに私の経験を本に盛り込めたのは人生においても大きな意義のあることでした。

▽ひとり起業をして良かったことは？

本を出版したこともありますが、着物を愛してくれるお客様と巡り会えたことです。感謝しています。

また、コンサルタントはお客様とフラットな関係になることができる仕事であることも実感しました。楽しく一緒にビジネスを拡大できる、こんな仕事はなかなか無いと思います。

▽起業したいあなたにエール

自分のスケジュールを他人ではなく、自分で決められる、生きている感覚をえられるのが起業家であると実感しています。

もちろん、楽しいことばかりではなく、つらいこともあるのが、起業家。

起きている間ずっと仕事を考えなくてはいけないこともあります。
ただ、そうであるからこそ自分の本質を知ることもできるのです。

福岡市役所の公務員がトランスジェンダーであることをカミングアウトし、メンタルコーチで起業

宮川直己（みやがわなおき）

メンタルコーチ。「日本一わかりやすい意識レベルの学校」主宰。株式会社マクアケデザイン代表取締役。児童福祉司任用資格所有（元児童相談所職員）

１９７７年長崎県生まれ。ＦＴＭトランスジェンダー（35歳まで女性、現在は戸籍の変更を行い、男性）。九州大学卒業後、２００２年に福岡市役所に入庁。児童相談所での児童福祉司（虐待、非行担当）のほかＤＶ対策、人権相談業務など10年間勤務。35歳の時、本当の自分の望む姿（性別）で生きると決め、過去の自分を誰も知らない世界で暮らすために２０１３年に市役所を退職。ＷＥＢマーケティングコンサルタントとして独立。その後、脳科学、心理学、ＮＬＰ（神経言語プログラミング）ＬＡＢプロファイル、催眠療法などを学ぶ。２０１６年より心理コンサルティングに主軸を移し、17段階の意識レベルの研究、タッピング・セラピーの習得などにより独自のプログラムを開発。２０２２年5月『ＬＧＢＱの働き方をケアする本』（自由国民社）出版。

私は、九州大学を卒業した後、福岡市役所に勤め、地方公務員として、10年間働きました。起業の準備は市役所を辞めた後35歳の時に行いました。

具体的にどのように準備をしたかというと、Ｗｅｂマーケティングのコンサルタントになるために年間１２０万円の養成講座を受けました。

この道に進もうと考えた理由は、35歳という年齢で手に職も無い状態で、転職をしよ

うとすると、地方では厳しいと考えたからです。

会社が東京などと比べてあまり無いのです。

公務員から民間企業というキャリアチェンジでは、収入を上げにくい。

その講座を受講後、Ｗｅｂマーケティングのコンサルタントとして起業しました。しかし、現実は厳しく仕事がなかなか受注できず、本業以外のアルバイトで１００万円ほど稼いだ金額がそのまま、年収になるという悲惨な結果になってしまいました。

起業2年目からは、Ｗｅｂマーケティングコンサルタントを副業にして、会社勤めをしていました。

ただ、私はここでＷｅｂマーケティングのコンサルタントには向いていないなと自覚し、会社は清算しました。

その後、コーチングに出合い、人の人生にポジティブな影響を与えることを仕事にしたいと思い、新たな道に進もうと決意したのです。

38歳で2社目を起業。今度はコーチング事業です。

▽起業当初はどうやって仕事を受注していた？

当初は人脈が無いので、まずは異業種交流会にいきました。

そこでセミナー講師を募集していたので、すぐに仕事を受けセミナーを開催したところ、反響が良く、リピートをいただきました。

またセミナー主催者の方に集客もしていただいたので、コンテンツ制作にリソースを割くことができ良いサイクルでセミナーを開催していくことができました。

また、１社目で挫折してしまったものの、Ｗｅｂマーケティングを学んでいたのがここで生きてきました。

検索対策をしっかりと行いながらブログを書いていたので、そこから集客もできるようになっていったのです。

とはいえ、やはり安定した収益ができるまでは、３年ほどかかり、３年後にようやく６５０万円の年収となりました。

▽事業が上手くいったきっかけは本当の自分を出したこと

私はトランスジェンダーです。

その事実をそれまでかくして、事業を行っていました。

言語化するのは難しいのですが、それまではおそらく、お客様にも本音で対応できていなかった。ですから、私に信頼を寄せているというよりも私のノウハウにクライアントはついてきていたのだと思います。

しかし、トランスジェンダーであることをカミングアウトした後は、お客様とも本気のコミュニケーションを取ることができ、信頼を得ていくことができるようになりました。

コーチングで起業したと先に触れましたが、その仕事内容は具体的には、ビジネスにおける目標達成、パートナーシップや職場の人間関係の改善などです。

ですから、やはりお客様との本音のコミュニケーションが大事になってくるのです。お客様も私に悩みを本気で相談してくる以上、私も本気でそして本音で対応したいと思ったのです。こうして、相談者の方々が増えていき、ビジネスは軌道に乗りました。

▽起業を考えている人にエール

自分の強みは自分ではなかなか気づかないもの。客観的に見てくれる友人・仕事仲間をつくりましょう。そして、言われたことを真摯に受け止めるのも必要です。新たな可能性が生まれるかもしれません。

そして、そういった仲間は起業家のコミュニティで得られます。

起業家は世の中にポジティブな影響を与えようとしている人たちの集まりです。

ですから、そういったコミュニティに参加することで、自分の強みも浮き彫りになります。そしてアドバイスしてくれる心強い味方もできます。

まずは行動です。

営業経験の無かった、デザイナーが起業してどん底を味わった後、コンサルタントになり、年収一千万円

小澤歩（おざわあゆむ）

有限会社グレイズ：代表取締役
クデザイナー、アートディレクターとして勤務後、２００２年に広告販促制作会社として有限会社グレイズを設立。大手企業だけでなく中小企業や店舗の広告販促ツールの企画デザインまでを手がける。
現在は広告販促ツールのデザイン業の枠から飛び出し、コンサルタントとして企業のビジネス全体を支援。中小企業や店舗、起業家に対して付加価値を高めるブランディングや、販促マーケティングのコンサルティングを提供。また、ブランディング担当者やコンサルタントを育成する団体である（財）ブランド・マネージャー認定協会のマスタートレーナーやブランディングや販促マーケティングの各種セミナー・研修で講師としても活動中。

私はデザインの専門学校を出て、広告制作会社に入社しました。そこでグラフィックデザイナーになりました。ただ、激務で給料が安いという職種のため、2、3社転職をしました。

そういったこともあり、「このまま今の仕事を続け体力は持つのか？　金銭面的に大丈夫なのか？」と不安を覚えていきました。

そこで、当時祖父が会社を経営していたため、継ぐことを想定して、祖父の会社で働

き始めました。

もちろん、働き方もガラッと変わり、楽になりましたし、将来のポストも約束をされていたので、デザイナー時代の時よりは環境も良くなりました。

しかし、やはり、もの作りがしたかったのです。

ただ、休日も残業代も無く働いていた以前の状況には戻りたくはありませんでした。

ですから、自ら起業をして自分のやり方でビジネスを立ち上げていこうと決意しました。

フリーになりデザインの仕事ができないか探していたところ、ちょうど知り合いのデザイナーから「自分の仕事を引継ぎいでほしい」と相談され、大手の会社の案件だったため、起業をして法人化しました。

▽起業当初安い仕事を請け負ってしまい、負のサイクルにはまりこんでしまう

そんな事情で、大手から定期的に仕事は来ていたのですが、ここで営業をしたことが無いことが困難にぶち当たるきっかけになってしまったのです。

営業のいろはも分からなかったため、事業を拡大するための、仕事の受注ができなか

ったのです。

焦った私は、お客さんを紹介してもらうことで仕事を得ようとしました。

何より仕事が欲しかったため、便利屋さん的に何でも請け負ってしまったのです。

不況もあり、受注金額もディスカウントを要求されることが多く、仕事が欲しかった私はそれに応じてしまい、安い仕事を請け負い続けなければ回らない負のサイクルをつくってしまいました。

そういった状況から抜け出したきっかけは、自分の考え方を変えたことでした。

「デザインを提供する」のではなく、「広告の費用対効果を高めるノウハウを届ける」ことにシフトしたのです。

そのために、営業の提案のノウハウ本を読んだり、集客アップのノウハウを学べるセミナーに参加したりしてマーケティングを身に付けていきました。こういったことがきっかけとなり、「コンサルタント業にシフトする」という意欲が湧きました。

コンサルタント業に仕事を移したことで、デザインの仕事だけでなく、セミナーの依頼や、ブランディングコンサルの仕事も入るようになりました。さらに価格のディスカウントをされることもなくなっていき、収益が上がるようになっていったのです。

▽ひとり社長になって良かったこと

おそらく、デザイナーのまま仕事をしていたら、体を壊していたと思いますし、またデザインだけをやっていたら、提供する価値に見合った受注金額をいただけないままだったでしょう。

ひとり社長になって価値を伝えるコンサルタント業務を行ったことで、選ばれる理由が安さではなく、ノウハウになりました。

また、コンサルをやりクライアントの困りごとを解決できた時に「ありがとう！」と喜んでお金を払ってもらえます。安さではなく選んでもらえることを実感できて、心から嬉しく思います。

会社員のメリットも大きいです。毎月安定的に給料が入ってくる安心感を起業してからは、うらやましいと思ったこともあります。

しかし、人間関係の悩みや、やりたい仕事がやれなかったり、給料も働きに見合ったものが得られなかったりするので、ストレスも大きかったです。今は自分の意志で仕事も選べますし、それに使う時間も自分でつくれるため、ストレスフリーの状態です。

会社員に戻れるとしたら、戻りたいですか？　とたまに聞かれますが、私の答えはNO。今が一番幸せですから。

▽起業家になりたい人にメッセージ

「自分は大丈夫だ！」「上手くいく！」といつも自信を持つことが大事です。また、スキルは常に磨き続けましょう。困難を乗り越えるためにも必要です。

そして、起業する時はひとりでしますが、そのための努力はなかなか1人だけではできないもの。起業家が集まるコミュニティに入って、楽しく切磋琢磨できる仲間をつくって下さい。

そして、尖ることを恐れずに。会社員の時は協調性が一番重要だったと思います。しかし、起業したらあなた自身を売らなくてはなりません。「その他大勢」ではだめなのです。

ミュージシャンをあきらめ
どん底からコンテンツプロデューサーに、売上数億円

臂守彦（ひじもりひこ）

コンテンツプロデューサー
株式会社メディアライブ　代表取締役
ＨＣ株式会社　代表取締役

「人生を変える知恵と機会を提供する」ミッションの下、圧倒的な集客力・販売力と最新の手法を駆使してビジネス、語学、投資、スピリチュアルなど多様なジャンルの講座企画プロデュースを手掛ける。これまで集客した見込客はのべ10万人以上、５０００人以上に対面・オンラインでのセミナーを実施。プロデュース累計売上は30億円超。２０１６年12月『そのネット集客はいますぐやめなさい！』（秀和システム）出版。

私は上智大学を卒業し、ミュージシャンを目指していました。

音楽で稼ぐ年収はわずか2万円で、とても厳しい生活を送っており、年齢的にも夢をあきらめ、親が経営していた、自動車部品関係の工場を継ごうと決意し実家に戻りました。

しかし、その会社は経営状況が悪くつぶれてしまい、無職になってしまいました。やはり地方だと働き口がそんなにある訳ではなく、起業して会社をつくることを決意した

のです。

工場経営は初期投資として、専用機械を購入したりするため、数千万円から数億円ほどかかります。そういった厳しさを親の工場で目の当たりにしていたため、元手がかからないビジネスをと考え、インターネット関連の仕事を始めることにしました。

また、実はクライアントを獲得するために必要なノウハウをインプットしたいと起業前にウェブマーケティングの書籍を読んでダイレクトマーケティングを学んでいたこともあり、マーケターへの憧れも強く、「起業するならインターネット関連の仕事を」と目指していたのです。

▽設立当初の状況は？

当時はインターネットを使っている人がまだ少なかったこともあり、ホームページをつくってしまえば、クライアントがくるものとばかり思っていました。

また、当時はファックスＤＭなどでも集客をはかっていましたが、まったく実績が上がらず、初月の売上はたった１５００円でした。

あらためてお客さんを集めるのがハードだと実感した私は、インターネットビジネス関連のメルマガに登録し、情報を日々探していました。

そして、あるメルマガをきっかけに外注の仕事をいただき、一生懸命に働き実績を残していきました。

その結果、外注先の一つだった私が、その会社の売上をほぼすべて自分が作っている状態になり、なんと社長に抜擢されたのです。

貯金ゼロ円から年商１０００万円になるまで約３年間かかりましたが、文句も言わずについてきてくれた妻に本当に感謝しています。

▽ブレイクポイントはいつ？

年収がなかなか上がらないで苦しかった時期に松尾先生が運営しているネクストサービスの出版スクールに参加して、出版できたことがきっかけです。

ただ、ブランディングが目的だった訳ではなく、本を出せたら何かが変わるかもしれないと考えて参加したのです。

また当時インターネット関係の仕事は、地方では「何かあやしいビジネスをしている人」という認知のされ方になっていたのです。

そういった状況も変えたいと考えていました。

そんな現実を変えてくれたのが出版でした。書籍のタイトルは『そのネット集客はいますぐやめなさい！』（秀和システム）です。

本が出て、地元の書店に並び噂になったり、地元紙にも掲載されました。その後は営業せずとも仕事を受注できるようになりました。

プロデュース業も軌道にのり売上がどんどん上がっていくことで年商は数億円規模になり、当然年収も１０００万円を超えていきました。

仕事である程度実績を出せるようになったら、ビジネスの加速のためにぜひ出版も考えてみて下さい。ブランディング、集客なども劇的に変わっていきます。

▽仕事である程度実績を出せるようになったら

不満があったら飛び出してみて下さい。今より必ず良くなります。

そうはいっても今やっている仕事は必ず生きてきます。そして、それがいつ生きるかは本当に分かりません。あなたが窮地に陥った時かもしれませんし、ビジネスが軌道に乗った時かもしれませんが、その時その時にできることを一生懸命にやることで人生は開かれていくはずです。

一流外資系ホテルの鉄板焼きシェフを兼務しながら、自分の店舗も持つオーナーシェフに

仲亀彩（なかがめあや）

１９８４年 山梨県生まれ、祖父母が農家、15歳から飲食店で接客業をはじめ、接客したお客様は、15万人を超える。関東学院大学卒業後、独学で調理の道に。都内の数店舗で修行をし、20代で現職である外資系の一流ホテルの高級鉄板焼きでカウンターシェフに抜擢、また個人で世界各地の鉄板焼きを学ぶ。鉄板焼き士として驚異のリピート率80％を得る。現在はほめ言葉から人生を変える学びを提供するため、【Youtube「あやシェフ」、接客コンサルタント】を開講し、一般の方から経営者の方まで幅広く学びを提供している。その傍ら、小学校の食育やNPO団体へのボランティア、孤児へのチャリティーなどをしながら、貧困や家庭環境に関わらず、子供たちに安全で満足な栄養が与えられるような仕組みをつくろうと活動をしている。２０１８年11月『お客様の心をつかむ魔法のほめ言葉事典』（秀和システム）、２０２１年7月『リピート率80％ 心をつかむ接客術』（ぱる出版）を出版。

私は、独立前、会社員として一流外資系ホテルで鉄板焼きのシェフをしていました。

そこで周囲に気を配り、お客さんに最高の料理を提供し、きめ細かな接客を行っていました。

そうしていると、お客さんからリピートが入るようになり、接客のアドバイスを求められるようにもなっていました。

ホテルで仕事をしていた当初は独立のことは考えていませんでしたが、次第に、自分の意志でお客様を心の底から楽しんでもらえるような店舗運営をできるようになったら、と考えるようになりました。

▽独立のきっかけは？

独立の準備は鉄板焼きシェフの頃からしていましたが、１冊目の本を出版するタイミングに合わせて外資系ホテルの社員シェフをやめることにしました。

また、ＳＮＳで情報発信をしていた折、店舗を貸して下さるオーナーの方と知り合い、時間制のレストランを開くことができました。

当初は昔からのお客様が通ってきて下さっていましたが、本が売れるにつれ、メディアにも掲載され、新規のお客様にも来ていただけるようになりました。

ちなみに本が出た影響は大きく、テレビ番組に出演したり、「コンサルをしてほしい」というメールを頂戴したり、ビジネスに大きな影響を与えてくれました。

お金も時間も場所も自分で自由に生み出せる「ひとり広告代理店」を創業

小宮絵美（こみやえみ）

ひとり広告代理店「ひらり宣伝社」代表。販促支援アドバイザー。短大卒業後、SEになる夢を叶えるため地元・広島県のシステム会社に就職するも、営業部に配属。取引のあった広告代理店の社長に誘われ、転職。5名程度の小さな会社で広告営業パーソンとして10年以上のキャリアを積む。結婚と同時に転勤族の夫がいる福井に移住し、専業主婦となる。会社員時代のお客様からの依頼をきっかけに２０１７年にひとり広告代理店として起業。夫の転勤とともに拠点を移しながら、5年で１００社以上の顧客を抱えるまでに成長。リクルートなどの大手企業から個人商店まで幅広く担当する。「お客様に私の持っている能力をすべて渡す」を信条に、紹介のみで業績を拡大し続けている。２０２４年3月『自宅で年収１０００万円「ひとり代理店」で稼ぐ 新しい起業の教科書 初期費用ゼロで、誰でもできる超具体的ノウハウ』（日本実業出版社）を出版。

最後に会社員として働いたのは、5人ほどの地方の広告代理店です。新卒で入社したシステム会社では、数年かけても達成できなかった数千万円規模の受注が、広告代理店に転職した途端、初年度からクリアでき、売上が上がっていくのが楽しくて仕方ありませんでした。

知識も経験もないなか入社した広告代理店でしたが、「天職」と感じました。それまでゼロだった市役所からの受注を増やし、新規事業としてイベントを立ち上げ、ノベルティ発注のために中国に視察に行くなど、これほどまでに自由にさせてくれる会社はないと感じていました。この頃の夢は、１か月の給与＋ボーナスの合計が１００万円を超えることでした。

ただこの夢が叶ったころ、体はボロボロになっていました。多忙ゆえ、休日出勤も多くなり、お客様からは頻繁に電話がかかってくる日々。そのため睡眠時間を削って働いていたのですが、「このまま行くと倒れるのではないか」と周りは思っていたそうです。それでも会社を辞めようとは思いませんでした。会社を辞めれば、「お客様が私から離れていってしまう」と考えていたからです。変化が怖くて、自信がなく、その先の一歩が踏み出せませんでした。

▽起業のきっかけ

転機は結婚です。それを機にすべてのお客様を引き継ぎ、退職しました。

専業主婦として過ごしていたある日。

会社員時代のお客様から「やっぱりあなたに担当してほしい」と連絡が入りました。

当時一緒にプロジェクトや仕事を進めていた取引先も付き合ってくれるか分からないという状況でしたが、「私ができる範囲で良いのなら」と、最初はお手伝いから「ひとり社長」をスタートしました。その後も「起業しているの？　仕事を頼んでも良い？」と連絡が来るようになりました。これらのお客様たちからのオファーが本格的な起業のきっかけになりました。

起業をしても、ＳＮＳで告知をすることも、会社員時代のお客様に私から連絡することもしませんでした。「どうしても担当してほしい」と連絡をくれたお客様だけに、全力で対応しようと思ったからです。「起業して成功しよう」と気負わず、スタートできたのが、良かったのかもしれません。

▽ブレイクしたきっかけ

知り合いに、あるコワーキングスペースに連れて行ってもらったことが転機となりました。そこに集まっていたのは、個人事業主やフリーランス。熱気溢れる場所でした。コワーキングスペースのオーナーは、私がどんな技術を持っているのかを熱心にヒアリングしました。私の強みを明確にし、「あなたならこの仕事ができるのではないか」とコワーキングスペース内で仕事をつないでくれたのです。

オーナーにお世話になったので、紹介された仕事は断らず、目の前の仕事を一生懸命行い、実績を積みました。中には1円にもならなかった仕事や、報酬金額が見えない状態でスタートする仕事もありましたが、コツコツ信頼貯金をしていきました。

そうしているうちに次第に大きな仕事を請けることができるようになりました。上場企業の仕事にも携わらせてもらい、一気に世界が広がりました。

フットワークが軽いこと、どの業種でも対応できることを評価してもらえ、全国のお客様を紹介してもらえるようにもなりました。地域や業種の幅が広がることで、実績も増えていき、「他社で結果が出ているなら」と仕事を受注できるようになっていきました。

▽ひとり社長になって良かったこと

誰かになにかを言われることはなく、すべてが自由であることです。まず時間の制約がありません。何時に仕事を始めても、何時に仕事を終わってもいい。「土日祝日は休み」などというルールに縛られることはなく、やりたい時に、やりたいだけ仕事ができます。「体調が悪い日」も上司に電話をする必要はありません。

場所の制約もありません。誰の許可を得ることもなく、どこで仕事をしていても良く、出張へ行け、事務所がある拠点も自由に変えることができます。

「こんなことにチャレンジしたい」「こんな機材が欲しい」と感じた時も、すべて自分で決められます。

そして一番重要なのは、私を指名してくださるお客様とお付き合いできることです。「あなたに頼みたい」という気の合うお客様とだけ仕事ができます。

「会社」ではなく、「私」と付き合ってくれているお客様なので、人生にまで寄り添う大切な友人であり、仲間です。そんなかけがえのない人たちに囲まれ、日々幸せを実感しています。

「面白い」「いいね」周りの声をきっかけにイラストレーターに

坂井洋子（さかいようこ）

イラストレーター・漫画家 べじこ。
大学卒業後、新卒でリクルートグループに入社。10年半の法人企業への企画営業、転職情報サイト立ち上げ部署でのスーパーバイザーの経験を持つ。その後、起業支援を行うＮＰＯでの勤務を経て、フリーの漫画家・イラストレーター「べじこ」に転身。味の素「野菜摂取量向上活動・ラブベジ®のうた」「絵本仕立てのメニューブック」「名古屋市営交通 １００周年ＰＲパンフレット」「あいち多文化子育てブック」など大手企業や自治体の発行物制作に多数参画。野菜ソムリエ、温泉ソムリエとしてもイラストや漫画の作品を発信し、キャラを活かして活躍の場を広げている。２０２３年８月『キャラ営業の極意』（ぱる出版）を出版。

「将来は好きなことを仕事にしたい」と思っていた私は、大学卒業後、女性や若手がイキイキ活躍していたリクルートグループに企画営業職として入社しました。

入社当初は、飛び込み営業がつらい日々……。でも、仕事を続けていくうちに、お客様との出会いがあり、できることが増え、営業という仕事が面白くなっていきました。

仕事は、求人広告を通じて、企業の採用をお手伝いすること。自分の提案が通ると嬉しいし、採用に成功すればお客様に喜んでもらえる。採用を通じて会社が成長することに申告会の会報誌の漫画の連載がスタート。野菜ソムリエ×イラストレーターであることを活かして、オリジナルの野菜アート作品をつくって公開し、個展を開催しました。

「歌をつくりたい」と口にしたことから、トントンと話が進んで、作曲家、アニメ作成のプロが集結して「べじこのうた」が完成！　依頼された仕事とクリエイターとしての活動に精力的に取り組んでいました。

そんな折、漫画を連載していたフリーペーパーの編集長の紹介で、野菜ソムリエを探していた大手食品メーカーの「野菜摂取量向上活動」チームと出会いました。

YouTubeで「べじこのうた」を見てくださったことから、コラボで歌とアニメーションを制作することに。完成した「ラブベジ®のうた」は東海エリアのスーパーマーケットで展開し、多くの人たちから「聞いたよ！」と言われました。一つひとつの仕事やご縁が、次の展開につながっています。

２０２２年には「名古屋市営交通１００周年ＰＲパンフレット」のキャラクターに「べじこ」が採用されて、パンフレットの表紙や中身のイラスト作成を手掛けました。市営地下鉄の各駅などで、パンフレットが10万部も配布されたのです。

この頃から、初対面の方と名刺交換やご挨拶した際に、「どこかで見たことある」「べじこ、聞いたことある」と言われることが増えました。少しずつ認知度が上がって、多くの方にイラストや漫画を見ていただける機会が増えてきたのを感じています。

２０２３年８月には、初めての書籍『キャラ営業の極意』（ぱる出版）を出版。イラストレーターになってからずっと「マンガの本を出したい」と思っていたのですが、ビジネス書を執筆し、マンガを描く、という形で夢が叶いました。

会社員時代の営業経験と、起業してからの経験、両方を活かして本を出すことができたのです。そして嬉しいことに、出版がきっかけで、書籍内のマンガを描く仕事の依頼を頂けるようになりました。好きな仕事、やりたい仕事ができるようになって、仕事面では充実してきましたが、収入面ではまだまだこれから。もっと伸ばしていきたいと思っています。

▽ひとり社長になって良かったこと

ずばり「好きな仕事ができること」です。そして、「自由なこと」。仕事内容や働き方も、自分で決めることができます。

将来に不安もありますが、それ以上に、自分で将来を創っていけるワクワク感を感じることができます。好きが高じて温泉ソムリエにもなったので、漫画の仕事につなげたい、と引き続き好きなことを仕事にすることにも貪欲です。まだまだ自分の可能性を広げていきたいと思っています。

「アニオフ」で起業のきっかけをつかみ、その後本を2冊出版

横井睦智（よこいむつとも）

ミューコネクト株式会社　代表取締役。
小さな頃からアニメや漫画に興味を待ち、学生時代にはオタクといじめられる。専門学校を卒業後、地元のグループ企業に入社。ホテルマン、材木商社を経て大手清掃企業に転職。現場から営業、コンサルティングまでこなしたことから過労とパワハラでうつ病を発症し退職。清掃業で起業し、副業で結婚相談所を開始。当時流行の mixi でオタクのオフ会に参加したところ、結婚指輪をしていたことからその場にいたオタクの男女から恋愛や結婚について質問攻めにあう。この経験をきっかけに２０１２年に日本ではじめてオタク・腐女子に特化した専門の結婚相談所を開業。２０１６年ミューコネクト株式会社を設立。現在、東京・大阪・名古屋を中心に活動し、年間相談件数８００件以上。入会から11か月以内での成婚率80％の実績を出し、２０２２年7月『オタク婚活はじめます』（すばる舎）を出版。結婚相談所の元会員の漫画家と共著で２０２４年1月『オタクによるオタクのためのオタク婚活悩み相談室』（秀和システム）を出版。

専門学校を卒業後、地元のグループ企業に就職しました。ただ、人付き合いが苦手なこともあり、能力開発という名のもとにホテル部門に配属されます。その後、異動により、工場にも勤務しましたが、営業を学びたいと思い、大手清掃会社に転職。営業からパート、アルバイトなどの労務管理や相談、清掃まで幅広くこなす毎日を送ります。しかしこの職場はパワハラ、モラハラなどが頻繁で、うつ病を発症。それが原因で会社を

解雇されてしまいました。東日本大震災の3日後のことです。

▽起業のきっかけ

再就職先を探しにハローワークに行ったところ、「40歳になったら就職先が極端に減る。もしあっても、退職金がでない」と相談員に言われ、就職するのをやめて「自営業」を目指すことにしました。前職で得た掃除の技術があったため、清掃業を開業しました。ただ清掃業は月により収入の格差があるため、定期収入がある副業を探したところ、結婚相談所は会員がある程度増えれば、安定的に収入を得られることが分かり、開業に踏み切りました。

▽ブレイクしたきっかけ

しかし安易な考えで結婚相談所を開業したため、1年間「会員ゼロ」という厳しい現実に直面しました。本業の清掃業も、赤字続きでした。そんな私にも転機が訪れました。

当時、mixiが流行っていて、アニメオタクがアニメについて語る「アニオフ」に参加しました。そこにいた人たちと話していると、私が結婚指輪をしていることを見つけ「オタクがどうして結婚できたのか！」と質問攻めにあい、「結婚」へのニーズが高いことが分かりました。

「これはいける！」と日本で初のオタク専門の結婚相談所を開業しました。

すると「日本初」ということもあってか、ネットニュースやテレビで取り上げられ、

さらにX（旧Twitter）でバズり、全国各地から入会の問い合わせが殺到。会員数が一気に増えました。利益も決算ごとに2倍、3倍と増え、２０１６年に個人事業主から法人化しました。

仕事が忙しくなり、東京・大阪・名古屋にオフィスを開き、社員を5名ほど雇った時期もありました。しかし、大資本の会社が弊社のスタイルを模倣し、営業を開始したことにより、売上も徐々に下がり、結局はひとり社長に逆戻りしました。

▽ひとり社長になって良かったこと

今は、ひとり社長で、社員を雇わずに、外部委託（外注）でこなせる時代です。私の会社では人件費や固定費なども減り、コロナ禍も何とか乗り切りました。

社員を雇い、会社を大きくするという考え方もありますが、私の性格的に無理でした。私にはひとり社長で「好き勝手に稼ぐ」方が向いています。

ある意味「わがまま経営」が好きなのです。

ホームページやブログで活動の発信をしていましたが自分の活動の「バイブル」的なものが欲しいと出版には以前から興味があったため、出版コーディネータ経由で出版社とコンタクトを取り、2冊出版しました。出版してからは、本を読んだ読者から問い合わせが多くなりました。本を読みこまれているためか、こちらが話をする前に入会が決まることもありました。

メディアからの取材も増え、平均すると1か月に2回ほど取材を受けています。テレビ局のドラマ構成の相談を受けたり、地方の議員から少子化対策について意見を求められるなど、オタク婚活の第一人者として見られているようです。

あとがき

私は20年前まで、いち会社員（ビジネスパーソン）でした。

自分には稼ぐ力など、ある訳がない。だから、このまま流され平々凡々と労働者として生きていく。まさに「その他大勢そのもの」だと決めつけていたのです。

しかし、ある時、気づいてしまいました。「人生は一度きり。このままやりたいことをやらず、年を取り、老いてしまって本当にいいのか…」と。

それは35歳の時でした。幼い長女、長男に物心がつきはじめ「この子たちに尊敬される父親になりたい」という思いも、私が新しい道を歩み始める原動力になったのかもしれません。

あれから月日は経ち…。

私は今、ひとり社長のコンサルタントとして忙しくもストレスのまったくない充実した毎日を送っています。お金が原因で夫婦げんかが絶えず、その度に泣きながら間に入ってくれていた子供たちも成人し、今では一緒にお酒を飲む仲になりました。

起業後に購入した戸建ての住宅ローンはまだ若干残ってはいますが、昔のような「お金に困る日々」からは卒業でき、最近は平日にふらっと沖縄旅行に行ったり、投資にお金を回したりする余裕もできています。

「人生のターニングポイントは何だったのか？」と聞かれれば、間違いなく「ひとり社長で起業したこと」と答えるでしょう。すべてはそこからスタートしました。さあ、次はあなたの番です！

本書をお読みいただき、著者である私に少しでも興味を持たれた方がいらっしゃれば、遠慮なくご連絡下さい。メールアドレスは「next@next-s.net」です。多少お時間はかかるかもしれませんが、お返事させていただきます。

Facebookも実名の「松尾昭仁」で登録しています。「ひとり社長の読者です！」とメッセージを添えて、友達申請をして下さい。

また、東京の西新宿にあるセミナールームと、Zoomによるオンラインで定期的に開催している「出版実現セミナー」にもぜひご参加下さい。ひとり社長のコンサルタントがどういうステップで本を出すのか、出版とビジネスのつなげ方について丁寧に解説します。本書の読者様は特典として無料招待させていただきます（ただしお一人様1回限り、セミナーの情報などは「ネクストサービス株式会社」のホームページでご確認下さい）。

本書が出版されるまでには様々な方から応援をいただきました。版元である自由国民社の三田智朗編集長、今回も出版のチャンスをいただき感謝しております。また、第7章のインタビューに答えてくれたビジネス著者養成スクール卒業生の皆様、本当にありがとうございました。

そして、今この本を手にしてくださっているあなた。本は読み手である読者がいなくては存在意義がありません。私の本を選び、お読みいただき感謝しかありません。

では、この本があなたの人生を変える「Change」のきっかけになることを祈りつつ、筆を置かせていただきます。

２０２４年５月吉日　ネクストサービス株式会社　代表取締役　松尾昭仁

■プロフィール

松尾 昭仁（まつお あきひと）

起業コンサルタント　出版プロデューサー
ビジネス・実用書著者養成講座（商業出版塾）主宰
ネクストサービス株式会社 代表取締役

士業や各種コンサルタント、起業家を商業出版やメディア露出で支援する戦略プロデューサー兼コンサルタント。祖父は戦前、満州にて百貨店、自動車販売会社を経営。父は50年続く建設会社の創業社長という起業家の家系に育つ。大学卒業後、業界大手の総合人材サービス企業を経てコンサルタントとして独立。自身が企画し講師を務めるビジネスセミナーの参加者は延べ1万3000人超え。

著作は29冊。執筆した本は中国、韓国、台湾、タイでも翻訳出版されている。出版プロデュース実績は300冊越え。クライアントは医師、弁護士、税理士、政治家、会社経営者、自営業者、公務員、会社員、主婦、フリーターなど幅広い。

京都女子大学などの高等教育機関、東京赤坂ロータリークラブ、東京商工会議所をはじめとする各種団体、リクルート社、明治安田生命、SMBCコンサルティングなどの民間企業より、講演、セミナー、研修依頼を受ける講師であり、テレビ、ラジオ、新聞、ネット媒体からの取材も多い起業家。

趣味はラン&ラーメン。ラン（ジョギング）は月間100キロ走が目標。ラーメンは年回100杯食す。2019年12月ハワイホノルルフルマラソン（42.195km）完走。

著作は『新装版 ビジネス書の著者になっていきなり年収を3倍にする方法』（自由国民社）、『1万2000人を見てわかった! お金に困らない人、困る人』（集英社）、『1万人を見てわかった 起業して食える人・食えない人』（日本実業出版社）など多数。

新装増補版　ひとり社長になって
いきなり年収を650万円にする方法

2022年 6 月30日　初版第 1 刷発行
2024年 7 月 4 日　新装増補版第 1 刷発行

著者　松尾昭仁

カバー　小口翔平＋神田つぐみ（tobufune）
本文デザイン＆ DTP　中央制作社

発行者　石井悟
発行所　株式会社自由国民社
〒171-0033　東京都豊島区高田3丁目10番11号
電話　03-6233-0781（代表）
https://www.jiyu.co.jp/

印刷所　新灯印刷株式会社
製本所　新風製本株式会社
編集担当　三田智朗

※本書は、従前刊行していた『ひとり社長になっていきなり年収を650万円にする方法』（2022年 6 月30日初版発行）に所要の情報を追補して刊行したものです。